CONTRA BUSH

CONTRA BUSH

CARLOS FUENTES

AGUILAR

D. R. © Carlos Fuentes, 2004

De esta edición:
D. R. © Santillana Ediciones Generales, S. A. de C. V., 2004
Av. Universidad 767, Col. del Valle
México, 03100, D. F. Teléfono 54 20 75 30
www.taurusaguilar.com.mx

- Distribuidora y Editora Aguilar, Altea, Taurus, Alfaguara, S. A.
  Calle 80 Núm. 10-23, Santafé de Bogotá, Colombia.
- Santillana S. A.
  Torrelaguna 60-28043, Madrid, España.
- Santillana S. A.
  Av. San Felipe 731, Lima, Perú.
- Editorial Santillana S. A.
  Av. Rómulo Gallegos, Edif. Zulia 1er. piso
  Boleita Nte., 1071, Caracas, Venezuela.
- Editorial Santillana Inc.
  P. O. Box 19-5462 Hato Rey, 00919, San Juan, Puerto Rico.
- Santillana Publishing Company Inc.
  2105 NW 86th Avenue, 33122, Miami, Fl., E. U. A.
- Ediciones Santillana S. A. (ROU)
  Constitución 1889, 11800, Montevideo, Uruguay.
- Aguilar, Altea, Taurus, Alfaguara, S.A.
  Beazley 3860, 1437, Buenos Aires, Argentina.
- Aguilar Chilena de Ediciones Ltda.
  Dr. Aníbal Ariztía 1444, Providencia, Santiago de Chile.
- Santillana de Costa Rica, S. A. La Uruca, 100 mts. Oeste de
  Migración y Extranjería, San José, Costa Rica.

Primera edición: agosto de 2004

ISBN: 968-19-1450-3

Impreso en México

A Arthur Schlesinger Jr.,
lúcida conciencia norteamericana

PRELUDIO

Similar a un diario, este librito reúne reflexiones dictadas por un tiempo, el mío, como observador mexicano y latinoamericano de la crisis política norteamericana y global provocada por la administración de George W. Bush. El tiempo, ha escrito Susan Sontag, existe para que me sucedan cosas. El espacio, para que no me sucedan todas al mismo tiempo. Relato aquí un tiempo vivido en muchos espacios, entre agosto de 2000 y junio de 2004, tal y como lo registré en su momento, como respuesta a acontecimientos vivos. No he cambiado una coma. Aciertos y errores, inclusiones y omisiones, juicios y prejuicios, incidentes y accidentes. Sin embargo, confío en que la mirada sobre lo pasajero deje en claro la mirada sobre lo permanente: la necesidad de restaurar un orden jurídico internacional, multilateral y confiable, abocado a resolver los conflictos políticos mediante la negociación diplomática y los conflictos sociales mediante la solidaridad internacional. Detrás de los eventos aquí consignados, hay seis mil millones de seres humanos en espera de un mundo de cooperación que se ocupe de la vasta agenda del trabajo y la salud, la educación y el techo. No tendremos un mundo justo y equilibrado si no atendemos a estas necesidades. Exaltar el "choque de civilizaciones" propicia los fundamentalismos violentos de uno y otro lado, olvidando que todos somos descendientes de *encuentros* de civilizaciones y que nos incumbe respetar las diferencias y sumar las similitudes de las grandes culturas humanas. Los fundamentalismos son caldo de cultivo de agresiones que se alimentan mutuamente. El terrorismo tiene su origen no sólo en el fundamentalismo religioso, sino en la miseria económica, la opresión política, y la percepción distorsionada en parte, pero en parte también certera, que el débil puede tener del fuerte. Incumbe al fuerte promover las políticas constructivas que eliminen los focos de tensión a los cuales acuden, como polillas a la luz, los insatisfechos y los fanáticos. Con toda precisión lo ha dicho el presidente Bill Clinton: "No se vence al terror si no se resuelve la manera de gobernar un mundo interdependiente." Este es el gran problema de nuestro tiempo. George W. Bush no ha contribuido a resolverlo, sino a exacerbarlo. Ojalá que en las elecciones de noviembre del 2004, los Estados Unidos de América recuperen la voluntad de emplear su extraordinaria fuerza en cooperar multilateralmente para el avance y equilibrio de la legalidad internacional, el desarrollo económico y el respeto a las culturas. Sólo así se vencerá al terrorismo, drenando las aguas insalubres y estancas que lo crían.

C.F.

2000: AGOSTO 1
POLÍTICA CON "P" DE PETRÓLEO

La Convención Nacional del Partido Republicano que tiene lugar esta semana en Filadelfia despliega una bandera sin colores: el "conservadurismo compasivo". El incoloro lábaro empieza a teñirse de paradojas cuando uno reflexiona que el conservadurismo norteamericano, para hacerse aceptable, debe apelar a la "compasión". Como la compasión es sinónimo de bondad, piedad, y sobre todo conmiseración hacia quienes sufren penas, la falta de compasión debe ser exactamente lo contrario: maldad, crueldad y falta de conmiseración hacia los más necesitados.

El hecho de que el partido conservador norteamericano —el Partido Republicano, el G.O.P. o *Grand Old Party*— tenga que diferenciarse de sí mismo (o de su pasado) declarándose "compasivo", significa que tradicional o esencialmente no lo ha sido, no lo es... pero puede serlo. Tal es el buen propósito, nos dice George W. Bush, de su candidatura.

Difícil de creer por estos motivos, el "conservadurismo compasivo" de los republicanos se vuelve imposible de creer cuando Bush escoge como candidato a la vicepresidencia a un hombre como Richard Cheney. Basta ver su hoja de servicios.

Como representante en la Cámara Baja del Congreso, Cheney votó contra los programas de auxilio educativo a la niñez (*head start*). Votó a favor de la legalización de las más mortíferas balas de uso criminal (las *cop killer bullets*, así llamadas porque sus víctimas suelen ser los miembros de la policía). Votó en contra de las sanciones al *apartheid*

11

en África del Sur. Votó en contra de la liberación de Nelson Mandela. Los votos de Cheney en el Congreso, ha dicho Jesse Jackson, son casi idénticos a los del más reaccionario de los senadores, Jesse Helms.

Como secretario de Defensa del presidente George Bush, Cheney presidió sobre la Operación *Desert Storm* contra Irak y se ganó la amistad eterna de los gobiernos de Kuwait y Arabia Saudita. A pesar de su batalla contra Saddam Hussein en la Guerra del Golfo, Cheney ha sido un constante opositor de la política de sanciones contra Irak, Irán y Libia. Las sanciones económicas no arreglan nada, ha alegado repetidas veces. Sólo sirven para aislar a los Estados Unidos mientras el resto del mundo comercia con los gobiernos sancionados por Washington. La coherencia de Cheney no se extiende al caso de las sanciones comerciales contra Cuba. Pero Cuba, claro, no tiene petróleo. En contra de Castro son válidas las sanciones que tan repugnantes e inútiles le parecen a Cheney cuando afectan a Saddam, a los ayatolas o a Kadafi.

Las contradicciones de Cheney tienen una razón radicalmente coherente. Se trata de defender los intereses de los Estados Unidos en el escenario petrolero mundial. Y se trata de hacer negocios con el petróleo. De la administración pública, Cheney pasó a presidir la corporación multimillonaria Halliburton, cuya cifra de ventas es de quince mil millones de dólares al año y con una planta de cien mil trabajadores. Halliburton es la principal proveedora norteamericana de tecnología y equipos para la explotación del petróleo y se encuentra, asimismo, en los más altos niveles de ingeniería y construcción en la materia. Es la máxima corporación estadounidense de servicios a la industria petrolera y el 70% de sus actividades tienen lugar fuera de los Estados Unidos. No se detiene allí su excelencia: la empresa le dio apoyo logístico a las fuerzas armadas de Washington en las guerras de los Balcanes. Porque aunque Cheney ha hecho críticas burlonas del presidente Clinton en el affaire Lewinsky, a la hora de los negocios apoya toda iniciativa bélica que redunde a favor de Halliburton Incorporated.

Dado que el candidato George W. Bush inició su carrera como empresario petrolero y su padre, el presidente George H. W. Bush, también fue empresario del "oro negro" antes de dedicarse a la política (pero contando siempre con el apoyo de la industria petrolera), la planilla republicana para la elección de noviembre tiene un fuerte olor a gasolina. Su "conservadurismo compasivo" bien puede ser la piel de oveja de un feroz apetito leonino por los veneros del diablo.

Halliburton Inc. ha extendido sus intereses de Argelia a Angola, de Nigeria a Venezuela, del Mar del Norte al Medio Oriente y de Birmania a Bangladesh. "Los Estados Unidos no tienen amigos, tienen intereses" dijo cínicamente John Foster Dulles, el secretario de Estado del presidente Eisenhower. Más sutil, Cheney ha dicho: "Es una lástima que el buen Dios no haya puesto los yacimientos de petróleo en naciones democráticas."

La ventaja de la candidatura de Cheney es que deja al descubierto la malla de intereses económicos globales que impulsan la candidatura del Partido Republicano a la Casa Blanca. Como Cheney proviene de un estado, Wyoming, de mínima importancia electoral y como no representa a ninguno de los grupos electorales decisivos (obreros, agricultores, clases medias, negros, hispanos) hay que concluir que es candidato a la vicepresidencia porque representa a un poderosísimo interés corporativo.

Como el candidato demócrata, Al Gore, populista y liberal él, proviene también de un círculo familiar estrechamente aliado a la industria petrolera (su padre, el senador Albert Gore, fue protegido y financiado por el multimillonario petrolero Armand Hammer), todo parece quedar, muy confortablemente, dentro de un pequeño círculo de intereses.

Pero no hay círculo de intereses, por grande que sea, que no se considere pequeño a la luz de nuevas oportunidades de crecimiento. Muchas voces críticas han opinado que detrás de la intervención militar en Kosovo no había más interés que asegurar la línea directa de abastecimiento petrolero para el Occidente hasta el Cáucaso y los fabulosos recursos del Mar Caspio. Bush ha atacado a Clinton y a Gore por su "lenidad" hacia la corrupta Rusia post-comunista. Ya no podrá hacerlo. Cheney y la empresa Halliburton libraron una dura batalla para financiar a una compañía petrolera rusa, Tyumen, íntimamente ligada a los oligarcas supuestamente defendidos por Clinton y Gore, pero afanosamente cortejados por Halliburton y Cheney.

No digo nada nuevo. La gran política internacional del mundo globalizado se implementa a estos niveles. Todo ello debe alertar a un país como México, donde un gobierno conservador asumirá el poder el 1 de diciembre y deberá, sin duda, hacer frente a presiones poderosísimas para cambiar el estatuto de Petróleos Mexicanos e incorporar a México al mundo feliz donde no cuentan ni la democracia política ni los intereses nacionales —cuando no son la democracia y los intereses de los Estados Unidos de América.

La planilla Bush-Cheney no merece ni la confianza ni el respaldo de los mexicanos, los de acá o los de allá, de aquel lado.

2000: NOVIEMBRE 6
USA: LA PARADOJA ELECTORAL

Durante los últimos diez días he visitado, por motivos profesionales, los estados norteamericanos de Ohio, Virginia, California y Nueva York. Han sido los últimos días, asimismo, de una paradójica campaña por la presidencia de los Estados Unidos y la paradoja consiste en que los extraordinarios éxitos de la administración Clinton entre 1992-2000, se reviertan a favor del contrincante republicano, George W. Bush y en contra del candidato demócrata, el actual vicepresidente Al Gore.

Consideren ustedes: los Estados Unidos son no sólo la primera sino la única potencia mundial. En ocho años, Clinton ha saneado la economía deficitaria. El país cuenta con un excedente presupuestal. El índice de desempleo —4%— es el más bajo desde 1950. La inflación es la más baja, asimismo, desde la posguerra inmediata. La bolsa de valores alcanza la cotización más alta del último medio siglo. El índice de criminalidad ha descendido dramáticamente: hoy hay menos asesinatos que en 1960, cuando el índice comenzó a crecer. El espectacular auge de la economía va acompañado de creciente tolerancia para las minorías sexuales, para las mujeres que necesitan abortar, para las diferencias raciales —y para el trabajo migratorio, ya que hoy no es posible alegar que el mexicano en busca de empleo en los Estados Unidos despoje a ningún norteamericano del suyo.

Estos son algunos de los méritos que Bill Clinton resaltó el viernes pasado en un extraordinario discurso en San José, California. El entusiasmo del público era contagioso.

Clinton es un orador político de primera, y sólo ese discurso en San José valió más —por su concisión, puntualidad, vigor y elegancia— que todos los discursos puestos juntos de los contendientes Al Gore y George W. Bush.

¿Por qué, entonces, regreso de mi breve gira universitaria, si no con la convicción, sí con la sospecha de que el 7 de noviembre George W. Bush será electo presidente de los Estados Unidos?

Una razón obvia es la mediocridad asombrosa de la campaña de Gore. Tieso, abrumado y abrumante de estadísticas, decidió distanciarse del legado "inmoral" de Clinton pero de paso sacrificó el legado político —y el éxito de una gestión administrativa también es un éxito moral— y comenzó a perorar como si no hubiese nada que reconocerle a la Casa Blanca en la cual Gore sirve siendo vicepresidente.

Su grito de guerra —"¡Recuperemos América!"— supondría una América "perdida" por la administración de la cual Gore fue, durante ocho años, co-responsable. ¿Perdió Clinton a "América" sólo para que Gore la "recuperase"? La ineptitud de esta estrategia, unida al carácter rígido del candidato, no pudo ser superada por un beso público a su esposa y fue, más que inepta, antipática cuando Gore, en los debates, se dio el lujo de despreciar a Bush con suspiros y miradas al cielo mientras el republicano hablaba.

No cabe duda: el proyecto de Gore es mejor que el de Bush. Gore reduciría impuestos a la clase media y trabajadora. Bush favorecería con menos impuestos a las clases altas. Gore extendería asistencia médica a la infancia, otorgaría una "carta de derechos médicos" y fortalecería los programas de asistencia con un fondo intocable de medio billón de dólares. Bush entregaría la asistencia médica al sector privado y despojaría a la Seguridad Social de su categoría federal.

Un punto central de toda contienda electoral norteamericana es el poder presidencial para nombrar magistrados de la Suprema Corte. Ésta, a su vez, decide el alcance de la jurisprudencia años y décadas más allá del mandato presidencial. Bush elegiría jueces opuestos al aborto, derogaría leyes protectoras del medio ambiente, impediría el control de armas de fuego y se opondría al homosexualismo. Gore nombraría jueces de convicciones totalmente contrarias: defensores de los derechos de la mujer, de la diversidad sexual, del medio ambiente, del control de armas.

La razón indicaría que más vale votar por Gore. No lo piensa así Ralph Nader, el candidato independiente, quien con las banderas del ecologismo, la reforma del financiamiento electoral y la denuncia de ambos partidos, Republicano y Demócrata, como títeres de "los grandes intereses" puede obtener hasta el 8% del voto y, restándole votos a Gore, darle la victoria a Bush.

Pero hay algo más y esta es la verdadera paradoja. Pese a zonas de rezago vergonzoso, la gran mayoría de los norteamericanos están satisfechos, cómodos, adormilados por su éxito. Es decir, se parecen más a Bush que a Gore. Premian la relajada simpatía personal del texano sobre la rígida intensidad teológica del vicepresidente. Si todo va tan bien como dice Clinton, ¿por qué creerle a Gore que todo debe "recuperarse"? ¿Por qué no creerle a Bush que las cosas se arreglan solas, el gobierno es un estorbo, el individuo se basta?

Bill Clinton deja a los Estados Unidos en estado de salud tan excelente que una mayoría de votantes pueden elegir a quien no intervenga en nada —Bush— en contra de un activista —Gore— sin darse cuenta de que la "no intervención" de Bush se traduce en decidida intervención a favor de las grandes corporaciones que lo apoyan.

Por todo ello, mañana puede ganar Bush. A menos que, en una elección tan peleada como esta, un candidato gane la elección popular y otro la elección en el Colegio Electoral. Pero ese es un escenario surrealista que no ha ocurrido desde la campaña Grover Cleveland-Benjamin Harrison hace más de un siglo. Esa es una pesadilla de la cual más vale no hablar: los Estados Unidos podrían acabar con un presidente electo por el Senado entre los dos candidatos a la vicepresidencia —Richard Cheney o Joseph Lieberman—. A veces la política norteamericana también puede ser barroca.

2000: NOVIEMBRE 24
LA GRAN ENCHILADA

La noche del 7 de noviembre fue una de las más sorprendentes en toda la historia de los Estados Unidos de América. Con verdadero arte de marear, las pantallas de televisión le dieron el triunfo decisivo de la Florida a Gore primero, luego a Bush, luego la presidencia a éste, seguido por la concesión de Gore, la nueva duda sobre la elección en la Florida, la retractación de Gore y la historia de *suspense* electoral que ha seguido desde entonces y cuyo fin, este 22 de noviembre en que escribo, aún no se ve claro.

Pero para un mexicano sentado frente a su televisión en Nueva York, la noche del 7 de noviembre y la madrugada del 8 le reservaba otra, aunque menor, sorpresa: la mexicanización del proceso electoral norteamericano. Me refiero, ante todo, a un hecho nominativo. Los comentaristas de televisión se refirieron a California como "la gran enchilada". Texas fue nombrado "el tamal caliente". Y la Florida, escenario del *mexican standoff*, o sea la confrontación cara a cara y pistola en mano de dos adversarios implacables en la calle de los duelos del Lejano Oeste.

La mexicanización se acentuó a medida que el embrollo electoral de la Florida nos hacía evocar añejas tradiciones del pasado priísta. El orgullo de todos los nepotismos: la elección se iba a decidir en un estado gobernado por el hermano del candidato Bush y el proceso decisivo sería dictaminado por una Secretaría de Estado nombrada por el propio gobernador. A medida que las acciones y reacciones se sucedían en la península, los espectadores mexicanos

19

nos preguntábamos si, derrotado en México, el PRI se había exportado a sí mismo a la Florida. Mapaches, ratones locos, boletas desaparecidas, canceladas o mal perforadas, listas electorales y boletas confusas: ¿esto era Tabasco o Florida?

Decía en un artículo anterior que la política norteamericana también puede ser barroca. Nada lo demuestra mejor que el asunto de los *chads*, es decir, la naturaleza de las perforaciones imperfectas de las boletas electorales. El nombrecito, *chad*, proviene de una máquina perforadora inventada a finales del siglo XIX por la familia Chadwell. Las derivaciones barrocas de tan sencilla acción son el chad colgante, el chad columpiante, el tri-chad y el chad preñado (o sea, el que se infla pero no se desprende).

No llevaré más adelante mi alegre comparación. El problema electoral de los Estados Unidos pronto pasó, en su aspecto esencial, a donde debía: a la atención de las instituciones judiciales. El debate en el Tribunal Supremo de la Florida el lunes pasado fue un modelo de procedimiento judicial en materia de elecciones. Los abogados de ambas partes —Bush y Gore— fueron acorralados, disminuidos y derrotados por la agudeza mental, el apego a la ley y el sentido de la propia dignidad de los magistrados. Este es el aspecto más sólido y admirable de la democracia norteamericana: la independencia y capacidad del Poder Judicial.

La decisión del Tribunal Supremo del Estado de Florida fue impecable. En una elección, hasta el último voto debe ser tomado en cuenta. La voluntad popular se impone a toda consideración política o a cualquier plazo, si éstos interrumpen el objetivo fundamental de la elección, "el conteo correcto de la votación". Resulta lamentable, a la luz de lo dicho, que un puñado de exiliados cubanos de Miami logre interrumpir el conteo legal del condado con tácticas de intimidación que pronostican, de paso, las acciones de un exilio cubano reaccionario y vengativo de vuelta en una Cuba donde, para la desgracia del pueblo que dice defender, Fidel Castro no ha tenido ni la lucidez ni la imaginación ni el coraje de iniciar una transición democrática que le permita a Cuba defenderse de sus dos extremistas: los de afuera y los de adentro.

La continuidad del conteo ha sido interrumpida por flagrantes actos de intimidación. La voluntad del Tribunal Supremo ha sido violada. En ausencia del proceso judicial, los plazos vuelven a imponerse y el siguiente es, nada menos, el límite del 12 de diciembre, día de nuestra Virgen de Guadalupe, para recibir el total de los votos electorales de los cincuenta estados de la Unión Americana a fin de certificar, el 18 de diciembre, al triunfador de las elecciones.

Si por algún motivo la legalidad se impone y el conteo prosigue y le resulta desfavorable a Bush, éste tiene la posibilidad de acudir a la legislatura local de la Florida (dominada por los republicanos) o, aun, de llevar el asunto a la Suprema Corte en Washington. En todo caso, el 12 de diciembre los veinticinco electores de la Florida deberán estar designados para votar en el Colegio Electoral. Si ocurriese un vacío, ¿ganaría Gore el voto electoral como ganó el voto popular? ¿Puede reunirse el Colegio Electoral en ausencia de uno de sus miembros?

Lo más probable, hasta el día de hoy, es que Bush se lleve los veinticinco votos electorales de la Florida y asuma la presidencia el 21 de enero de 2001. El sistema dual de selección del presidente de los Estados Unidos confunde a muchos extranjeros. Fue una concesión que el Constituyente de 1787 le hizo a los estados pequeños (Rhode Island, Vermont, Maine) frente a los estados mayores (Nueva York, Massachusetts, Virginia). La representación en el Colegio Electoral suma el número de diputados de cada estado y le añade el número de senadores —dos— de cada uno, equilibrando de esta manera territorio, población y representación.

Es un sistema que confunde cuando el voto popular favorece a un candidato y el voto del Colegio a otro. Tal cosa no sucede desde 1888, cuando el demócrata Grover Cleveland obtuvo la mayoría del voto popular y su contrincante republicano, Benjamin Harrison, ganó el Colegio Electoral y también el título de Su Fraudulencia. La suya fue una presidencia rengueante y Harrison no pudo ser reelegido.

Lo mismo podría pasarle a Bush. Los Estados Unidos cuentan con instituciones sólidas, pero el ánimo popular exaltado, rencoroso, vengativo, puede poner a prueba, si no a las instituciones mismas, sí a la presidencia de George W. Bush. De allí que el resultado final de esta larga y complicada batalla sea de primordial importancia para el nuevo presidente de México, Vicente Fox, y su canciller Jorge Castañeda. ¿Con qué presidencia y con qué presidente norteamericano deberán tratar? ¿Y qué margen —novedoso— de actuación en la sociedad civil y la opinión pública de los Estados Unidos les da a Fox y Castañeda la situación postelectoral norteamericana?

Pero estos son temas que seguiremos tratando durante los próximos meses y años. Mientras tanto, saboreemos el Tamal Caliente y la Gran Enchilada.

2001: ENERO 18
ADIÓS MR. CLINTON

Bill Clinton deja la presidencia de los Estados Unidos con una altísima cuota de popularidad (vecina al 70%) y la certeza de que, permitida la reelección, fácilmente hubiese seguido cuatro años más en la Casa Blanca. De todos modos, fue el único presidente del Partido Demócrata reelecto desde 1945.

Los logros de Clinton son impresionantes. Un crecimiento promedio de la economía del 4% anual (sólo en 1999 creció en un 8.4%). El mayor superávit presupuestal de la historia: cinco trillones de dólares en reserva para los próximos diez años. Un aumento de la propiedad habitacional del 70% y la creación de veintidós millones de puestos de trabajo, anulando el falso argumento de que el trabajo migratorio mexicano le quita empleo al norteamericano. Aunque también es cierto: caen las razones, pero no los prejuicios.

No falta quien diga que esta prosperidad sin paralelo se debe a la sabiduría del director del Banco Central (la Reserva Federal), Alan Greenspan. En nada disminuye el mérito de éste recordar que el impulso inicial del *boom* económico se debe a Clinton cuando, en 1993, aumentó los impuestos para los niveles de ingreso más altos. De esta decisión *política* deriva todo lo demás.

La sucesión de Clinton a Bush anuncia todo lo contrario. La economía se enfría y la bandera de Bush es la reducción de impuestos. Greenspan se ha adelantado a este error disminuyendo la tasa de interés sin consultar a Bush y en el mismo momento en que el presidente electo celebraba su "cumbre económica" en Austin. Es decir, el mensaje de Greenspan a Bush es: enfriemos la economía con políticas monetarias, no fiscales. Éstas toman meses en ser aprobadas por el Congreso. La política de Greenspan es de efectos inmediatos.

Los problemas económicos norteamericanos se caracterizan por el descenso de las ventas debido al descenso del ahorro debido al enorme consumo de la era Clinton. Los inventarios crecen, la demanda baja. El auge tecnológico es seguido por un desplome de sus valores en la Bolsa. Bush ha aprovechado estas circunstancias para encender la luz roja de la "alerta recesionista" y empujar su política de reducción de impuestos, al ritmo de 1.6 trillones de dólares en diez años. Greenspan le acaba de advertir a Bush que ese no es el camino y que la Banca Central, mediante sus políticas monetarias, disminuye el peligro de una recesión y la tentación de vender acciones. Si Bush insiste en rebajar impuestos, Greenspan le advierte que ello no sirve como estímulo fiscal, puesto que crea presiones inflacionarias y aumenta las tasas para empresas ávidas de capital. El camino es utilizar el superávit para reducir la deuda. Esto, señala Greenspan, es la manera de devolverle dinero al pueblo.

La política fiscal no es, sin embargo, el signo más negativo que está mandando Bush. En una cena con Gabriel García Márquez y Bernardo Sepúlveda, le pregunté al presidente Clinton quiénes eran sus peores enemigos: —La extrema derecha fundamentalista —contestó el presidente sin dudar.

Resulta que la sabia Hillary tenía razón en achacar a una conspiración de la derecha el tramado del caso Lewinsky. El fiscal Kenneth Starr, el senador Jesse Helms, el millonario Scaife y sus matachines salieron a asesinar a Clinton. Hoy, esos mismos intereses derechistas llegan cómodamente al poder amparados por la sonrisa benévola de Bush hijo. Ya he mencionado la estrecha relación de Bush y el vicepresidente Richard Cheney con la industria petrolera.

Pero estos son vínculos comprensibles, aunque peligrosos y fiscalizables. La prueba de las verdaderas inclinaciones ideológicas del nuevo presidente de los Estados Unidos es la designación de un verdadero capo de la reacción como procurador general. John Ashcroft ha sido el más rabioso enemigo del aborto, el homosexualismo y el feminismo. Es hijo predilecto de la Universidad Bobby Jones, que se especializa en combatir matrimonios interraciales. Ashcroft ha comprobado su racismo combatiendo la no-segregación de escuelas en St. Louis y en Kansas City, y vetando nombramientos de jueces de raza negra. Si a ello añadimos su defensa a ultranza de la pena de muerte, obtendremos el retrato-robot del perfecto reaccionario norteamericano. ¿Es este el hombre que va a vigilar la administración de justicia en los Estados Unidos? Si el Senado lo aprueba, ya pueden encomendarse al cielo las mujeres violadas, los negros que aspiran a puestos públicos, los niños que quieren una educación sin prejuicios raciales, los criminales que quieren portar armas sin licencia y los trabajadores indocumentados.

Escribo estas líneas cuando el Senado debate la designación de Ashcroft. Su mero nombramiento revela, a las claras, que George W. Bush es el reverso de la medalla de Clinton. ¡Que Dios nos proteja!, digo para no desentonar con el secretario del Trabajo mexicano Abascal.

2001: FEBRERO 9
MÉXICO-USA: LA AGENDA

Los nuevos presidentes de México y los Estados Unidos de América inician simultáneamente sus mandatos. La novedad más llamativa es que Vicente Fox llega a la presidencia con un claro mandato popular, en tanto que George W. Bush ocupa la Casa Blanca bajo una nube de sospecha, habiendo perdido el voto popular y accedido a la presidencia gracias a una votación de cinco a favor y cuatro en contra de la Suprema Corte.

La novedad más constante es otra: jamás ha sido más cercana la relación entre México y los Estados Unidos. Después de siglo y medio de enfrentamientos a menudo dolorosos para México, hoy priva el acuerdo al cual llegaron, en el curso de las negociaciones acerca de la expropiación petrolera, los gobiernos de Lázaro Cárdenas y Franklin D. Roosevelt: Siempre habrá problemas entre México y los Estados Unidos, pero siempre será posible resolverlos mediante negociaciones. En general, este principio ha predominado y es el que nos conviene. Ya lo dijo el cazurro don Luis Cabrera: En el campo militar, los gringos siempre nos vencerán; en la mesa de negociaciones, llevamos las de ganar.

Cuatro son los rubros principales de la continuada negociación México-USA. Los cuatro estarán presentes en la próxima reunión de Vicente Fox y George W. Bush en Guanajuato.

Drogas. La eliminación del insultante proceso anual de certificación y descertificación es el primer paso para una mejor colaboración antinarcóticos. No es posible que el país importador (los Estados Unidos y sus cuarenta millones de drogadictos) juzgue o condene a los países (Colombia y México) que sólo responden (viva el libre mercado) a la demanda norteamericana. Más allá de este insoportable maniqueísmo, están las propuestas que desde hace tiempo venía haciendo Jorge G. Castañeda: evaluar lo que ha funcionado y lo que no ha servido en las actuales políticas; considerar cómo pueden influir los mercados y los mecanismos de precios para hacer menos lucrativo el tráfico y, por lo tanto, aminorar las ganancias y la corrupción. Por otra parte, las exigencias norteamericanas contra los capos y sus mafias en México deben corresponderse con una —hasta ahora muy tibia— acción norteamericana contra los capos y las mafias de los Estados Unidos. Al final del camino, en mi entendimiento, sólo hay una solución a este terrible flagelo que a todos nos afecta: legalizar el uso de drogas o despenalizarlo. El problema es que esta debe ser una decisión global, sin excepciones. El beneficio es que, aunque siga habiendo drogadictos, nadie se enriquecerá con sus desgracias. Así obró Franklin D. Roosevelt al derogar la prohibición del alcohol en 1932: siguió habiendo borrachos, pero se acabaron los Al Capone.

Trabajo. El flujo de trabajadores mexicanos a los Estados Unidos obedece a dos factores: ausencia de empleo en México y necesidad de empleo en los Estados Unidos. Nuestros trabajadores cumplen funciones que nadie más puede suplir en el país del norte. Sin ellos, habría escasez de alimentos, de servicios y de recursos fiscales. Los trabajadores mexicanos pagan impuestos y contribuyen con veintiocho mil millones de dólares al año a la economía norteamericana. Envían a México, por otra parte, seis mil millones de dólares al año. Pero más allá de los datos económicos, los trabajadores son eso, trabajadores, no criminales. Son portadores de derechos humanos y de cultura. Merecen protección y respeto. Merecen, en el caso de los indocumentados, una nueva ley de amnistía norteamericana en tanto que los dos gobiernos llegan a nuevos acuerdos, modelados en el programa *gostarbeiter* alemán de trabajadores huéspedes. En todo caso, la presencia indispensable del trabajador mexicano no debe estar sujeta a los vaivenes internos de los Estados Unidos. El gobernador Pete Wilson, en California, los empleó como chivos expiatorios del difícil tránsito de la economía militar de la Guerra Fría a la economía tecnológica post-industrial. Alan Greenspan, el director de la banca central, los celebró recientemente como factor de progreso para una economía norteamericana que alcanzó, en el año 2000, su más alto grado de expansión en cincuenta años. Ahora, a las puertas de una mini-recesión, ¿qué dirá Greenspan, qué dirá Bush respecto a la fuerza de trabajo migratoria? ¿Y qué dirá Fox, cuya meta a largo plazo es que en el mundo de la globalización circulen libremente no sólo las mercancías sino las personas; no sólo las cosas, sino los trabajadores?

Comercio. Gracias al Tratado de Libre Comercio, México se convirtió en el octavo exportador mundial, con un salto de exportaciones por valor de cuarenta y dos mil millones de dólares en 1995 a ciento veinte mil millones de dólares en 1999. El comercio de México con los Estados Unidos, en los últimos seis años, ascendió en un 113%, convirtiéndonos en el segundo exportador a los Estados Unidos después de Canadá. El comercio bilateral México-USA asciende a medio millón de dólares por minuto y en 2004 debería exceder el tráfico comercial entre los Estados Unidos y Europa. México, segundo mercado y tercer proveedor de los Estados Unidos, ha promovido dos millones de nuevos empleos en el país del norte. ¿Cómo afectará la mini-recesión en USA a la relación económica con México? La ola de despidos de las últimas semanas ya ha alcanzado a la Daimler-Chrysler mexicana. Durante los últimos días, de visita en Los Ángeles y Nueva York, pude constatar que la dinámica de la economía norteamericana es tal y la velocidad del desarrollo tecnológico tan impresionante, que se puede calcular que los Estados Unidos entran ya a una etapa de menos empleados y mejores empleos. Además, existe una demanda *pent-up* (contenida) de trabajo en otras empresas ansiosas de absorber a los desempleados actuales. Pero un catarro económico en los Estados Unidos puede ser una pulmonía en México. Con razón, en el Foro Iberoamérica celebrado en México el pasado noviembre, Carlos Slim subrayó la necesidad que tiene una economía norteamericana que consume mucho y ahorra poco de contar con mercados latinoamericanos capaces de absorber el producto norteamericano. Ello requiere, añadió Slim, financiamiento a largo plazo para los países latinoamericanos y financiamiento de nuestras exportaciones, orientados a la creación de infraestructuras, vivienda, producción agropecuaria y generación de bienes y servicios tecnológicos. Es decir: los Estados Unidos requieren un mercado mexicano (y latinoamericano) cada vez más próspero, alimentado y educado, a fin de asegurar la propia salud económica de los Estados Unidos. El argumento de Carlos Slim es, me parece, una poderosa arma para el encuentro Fox-Bush.

Energía. Este tema se impondrá con vigor en Guanajuato en virtud de la creciente crisis energética dentro de los Estados Unidos. Los precios suben y la energía desciende. California está a punto de quedarse a oscuras. Un apagón enorme amenaza al noreste de los Estados Unidos este verano. La necesidad de fuerza eléctrica crece a razón de un seis por ciento anual en los Estados Unidos. Bush propondrá un Mercado Común de Energía para Norteamérica. Fox ofrece una nueva visión de cooperación fronteriza en materia de electricidad y gas natural que acaso acabe por conciliar la propiedad nacional de petróleo y energía eléctrica con su utilización práctica en beneficio de las propias empresas, modernizándolas y financiándolas sin mengua de la soberanía nacional.

Regreso al punto inicial de este artículo. El triunfo electoral de Vicente Fox le da a México honorabilidad democrática a los ojos del gobierno y el público de los Estados Unidos. Si con los gobiernos del PRI, que tanta sospecha autoritaria ("la dictadura perfecta") arrojaron sobre México, la diplomacia mexicana ganó gallardamente sus victorias, hoy, más que nunca, tenemos cara para negociar con altivez, discreción y legitimidad.

2001: FEBRERO 25
BUSH DE CAL Y DE ARENA

Persiste un vago malestar en los Estados Unidos acerca de la elección presidencial del pasado noviembre. Se acepta el resultado: George W. Bush es el cuadragésimo tercer presidente de la nación. Se cuestionan los métodos y las circunstancias: Al Gore ganó el voto popular y queda la duda sobre si un recuento total y justo de los votos en la Florida no le hubiese dado la Casa Blanca. La votación en la Florida persiste como un mal recuerdo de anomalías que no acabaron de aclararse. La confusión (¿premeditada?) de las listas electorales. Los sistemas peculiares, anticuados o excluyentes, de la votación. La sospecha de nepotismo: el hermano de George Bush, Jeb, es el gobernador de la Florida. Y el desenlace: no hubo recuento fiel de los votos y la elección presidencial no fue decidida por los ciudadanos, sino por los jueces. La Suprema Corte, por cinco votos contra cuatro, determinó, en última instancia, quién sería el nuevo presidente de los Estados Unidos.

Esta peculiar situación, avalada por el doble sistema Colegio Electoral-Voto Popular, ha obligado a Bush, como él mismo lo ha dicho, a tender la mano a quienes no votaron por él y a establecer una agenda común más allá de las plataformas (y prejuicios) del Partido Republicano. Bush, en sus primeras semanas de gobierno, ha tratado de congraciarse con el electorado negro (que votó en un noventa por ciento en contra de él), ha cortejado a los Kennedy, ha compartido con los demócratas programas para la educación y ha repartido sonrisas, bonhomía y tuteos a granel.

El *reaching out* o acercamiento de Bush al electorado de centro-izquierda se queda en mera comedia si estas poses se comparan con el meollo de las políticas puestas en marcha por el nuevo presidente. En ellas, el sello derechista de la nueva administración es tan evidente como el de una ganadería texana en el cuarto trasero de una vaca. En resumen, Bush ha negado asistencia técnica o financiera a los grupos de salud extranjeros que aprueben el aborto. Ha puesto en entredicho la separación entre el Estado y la Iglesia abriendo a ésta los cofres de la financiación pública. Y es clara su oposición a la protección de la ecología y la preservación de zonas naturales contra la explotación petrolera tan ávidamente buscada por su socio y vicepresidente Richard Cheney, antiguo ejecutivo de la más poderosa compañía de refacciones petroleras en el mundo, la Halliburton.

Pero donde Bush ha enseñado la cola es en el nombramiento de John Ashcroft como procurador general de Justicia. No es posible concebir una política de equilibrio ideológico cuando el político más reaccionario de los Estados Unidos (salvo Jesse Helms) es nombrado para administrar la justicia. En primer lugar, ello abrió un innecesario conflicto dentro del Congreso americano. Hubiese bastado nombrar a una persona de reconocida mesura —que las hay en el Partido Republicano— para evitar la sangrienta batalla parlamentaria, las campañas, desangrantes también, de la opinión pública y la cachetada a todos los grupos ofendidos por Ashcroft a lo largo de su carrera política. Enemigo declarado del aborto, del homosexualismo, de la igualdad en la educación, el empleo y las oportunidades, Ashcroft ha impedido el acceso de jueces negros a la judicatura en su Missouri nativo, ha apoyado a la Universidad Bobby Jones, que castiga la relación social o amorosa entre blancos y negros, ha votado en contra de todas las medidas tendientes a la igualdad y la justicia raciales, sexuales o religiosas.

¿Es este hombre el que, aprobado por el Senado con un dividido y divisivo voto de 42 en contra, va a posibilitar la justicia norteamericana durante la presidencia de George W. Bush? Confrontado a su negro (aunque no le guste la palabra) pasado, Ashcroft ha prometido enmendarse. Una cosa, alega, es lo que he hecho y dicho en el pasado, otra, la que haré como procurador en el futuro. Ashcroft se justifica diciendo que como senador y gobernador podía defender y aplicar sus prejuicios, pero como procurador, deberá atenerse a la ley, le guste o no le guste.

El sofisma es poco convincente. Pero aceptarlo sería peligroso para la justicia en los Estados Unidos. El procurador Ashcroft puede, en efecto, atenerse a la ley contraria a sus convicciones. Es dudoso, por ejemplo, que se niegue a aplicar la Ley Roe versus Wade que estipula los casos de derecho al aborto. Lo que el público no debe olvidar es que el procurador general de los Estados Unidos tiene un amplísimo campo de acción discrecional. Este incluye nombrar jueces de distrito y jueces de apelación a su arbitrio, preparando, de esta manera, el ascenso a la Suprema Corte de magistrados que compartan la ideología de Ashcroft. Y aunque en este punto es el Congreso Federal el que acepta o rechaza el nombramiento de magistrados a la Suprema Corte, Ashcroft, en cuatro años, puede crear presiones insuperables para que, al nivel federal y de apelaciones, los Estados Unidos sean regidos por una magistratura de extrema derecha. No en balde Ashcroft se hizo jurar como procurador por el magistrado Clarence Thomas, un negro de extrema derecha cuyo propio nombramiento dividió al Congreso y a la opinión hace unos años.

Pero hay algo más. El procurador norteamericano tiene enorme latitud para decidir la política en materia de asilo e inmigración. El caso reciente del niño Elián González da fe de estos poderes. Janet Reno regresó al niño a Cuba y a su padre. Ashcroft, para solaz de los ultra de Miami, jamás haría tal cosa.

Y los trabajadores migratorios mexicanos pueden esperar, también, mano dura y justicia (o injusticia) expedita.

John Ashcroft es una mala noticia. Y demuestra que los gestos liberales de George W. Bush no son más que pretextos para tomarse fotos con negros y Kennedys. Su corazón late a la derecha. Pero su legitimidad y su reelección sufrirán en consecuencia.

2001: ABRIL 18
EL PEOR PRESIDENTE

"¿Cómo es posible que un hombre como Ronald Reagan llegue a ser presidente de los Estados Unidos?", le oí exclamar con incredulidad al presidente de Francia François Mitterrand. Dirigía su pregunta, en 1981, a dos distinguidos escritores norteamericanos, William Styron y Arthur Miller. La respuesta la dio Styron: "Los norteamericanos admiramos a las estrellas de cine por encima de todo."

En el siglo XX, después de las presidencias, ilusorias o desastrosas, de Warren Harding (la corrupción), Calvin Coolidge (la ilusión) y Herbert Hoover (el desastre), llegó a la Casa Blanca Franklin D. Roosevelt, a quien considero el principal estadista del siglo pasado. Franklin D. Roosevelt sacó, con el "Nuevo Trato", a su país de la depresión. Contó con el mejor capital de su país: el humano y el social. Ganó la Segunda Guerra Mundial: los Estados Unidos fueron "el arsenal de la democracia", sin menoscabo de la noble resistencia británica y del enorme sacrificio de vidas del Ejército Rojo.

Ningún presidente posterior a Roosevelt ha llegado a su altura. Los ha habido inteligentes y buenos (Truman, Carter), buenos y tontos (Ford y Eisenhower), inteligentes y perversos (Johnson, Nixon), brillantes y sacrificados (Kennedy), tontos pero obsesivos (Reagan). Ahora, los Estados Unidos tienen un presidente, a la vez, tonto y perverso: George W. Bush.

La lista de sus perversidades aumenta día con día. Internacionalmente ha resucitado la Guerra Fría con China y Rusia.

A China le manda aviones-espía; a Rusia le expulsa cincuenta supuestos espías. Es como si Bush quisiese reanimar la carrera desfalleciente de James Bond, privado de enemigos comunistas. Pero Bush va más allá. En una sola quincena, no sólo compra pleitos innecesarios aunque reminiscentes con Pekín y Moscú. Torpedea la reconciliación de las dos Coreas, cancelando pláticas con el norte mientras lo visita el presidente del sur y principal arquitecto de la paz coreana, Kim Dae-Jung. Y reanuda, escalándola, la venta de armas a Taiwán.

Nada que nos sorprenda. ¿No desató Bush un bombardeo contra Bagdad, sin prevención a sus anfitriones, el mismo día que visitaba al presidente Vicente Fox en México? "Vamos a apantallar al mundo", dijo un incauto vocero presidencial mexicano. No: Bush apantalló a Saddam Hussein.

La más grave decisión internacional del joven Bush ha consistido en renunciar al Protocolo de Kyoto contra la emisión de gases mortales para la vida en el planeta. El Tratado fue resultado de un arduo trabajo de la comunidad internacional, encabezada por el predecesor de Bush, el presidente Bill Clinton. Ojalá que la oprobiosa decisión de Bush fuese sólo una cachetada a Clinton. Es algo peor: es un insulto a la comunidad internacional y una amenaza a la vida planetaria. La emisión de gases tóxicos y el efecto invernadero condenan a muerte a las generaciones venideras. Esto le importa un comino al cowboy de la Casa Blanca. Lo importante es que los Estados Unidos sigan empleando (y despilfarrando) la mitad de los recursos energéticos del planeta.

La política exterior contra el Protocolo de Kyoto es mero reflejo de la política interior de asalto al medio ambiente puesta en práctica, a partir de enero, por Bush. El presidente ha renegado de la promesa de campaña —"protegeré los bosques del Tercer Mundo"— hecha en Miami el pasado agosto. Ofreció entonces cien millones de dólares para proteger el medio ambiente en las grandes reservas tropicales de oxígeno, alimento y medicina. La oferta ha quedado reducida a trece millones —sustraídos a la Agencia de Desarrollo Internacional.

En trece meses apenas, Bush junior ha autorizado la construcción de carreteras que atravesarán bosques nacionales protegidos. Ha prohibido dotar de fondos a las agencias obligadas a preparar listas de especies animales y vegetales protegidas, a pesar de que obedecen a órdenes judiciales. Es más: Bush ha ordenado a sus funcionarios *desobedecer* dichas órdenes. Ha subvertido las demandas de grupos ecológicos para enumerar especies en peligro, aunque los seres humanos tampoco le importan demasiado. Bush ha cerrado la oficina de la Casa Blanca encargada de atender la epidemia del sida, y ha ordenado que no se sujeten a prueba de salmonela los almuerzos escolares.

No ha tardado Bush en darle las gracias a quienes financiaron su campaña y lo llevaron al poder. Es más: ha instalado en el poder a los ideólogos de derecha que le son indispensables como fuente de inspiración. Bush no sabe hablar sin tarjetas de auxilio. Sus improvisaciones son un galimatías salpicado de bromas. Las decisiones duras las toman el duro secretario de Defensa, Donald Rumsfeld; la dura consejera de Seguridad Condoleeza Rice (cuyo nombre, significativamente, bautizó a un buque-tanque petrolero la semana pasada) y el duro, hábil, inteligentísimo vicepresidente Dick Cheney, largo tiempo cabeza de la petrolera Halliburton, "chambita" que le obligó a declarar ingresos por treinta y seis millones de dólares el año pasado. "Los negocios son los negocios" y en el caso de la presidencia de Bush, el negocio es el petróleo.

Los Estados Unidos son una democracia de mercado. Practican un mercado-leninismo implacable pero están sujetos a límites democráticos dictados, en muchas ocasiones, por leyes del mercado. Andrew Cord, el secretario en jefe (*chief of staff*) de la Casa Blanca, obtuvo dos mil millones de dólares en contratos para la General Motors en Shangai. Es dudoso que ahora vea con simpatía una política contra China desde Washington, y el amarillista, anticomunista pero sagaz magnate mundial de la prensa, Rupert Murdoch, no ha dicho una palabra contra Pekín porque necesita proteger su satélite televisivo en China.

Existe otro límite para el muñeco de la Casa Blanca y sus ventrílocuos. El Senado de los Estados Unidos está dividido cincuenta y cincuenta. Las políticas extremistas de Bush están alejando a muchos republicanos moderados. Muchas iniciativas reaccionarias de Bush encontrarán severa oposición en el Congreso y en la opinión. No creo que, dentro de cuatro años, los votantes norteamericanos, que en noviembre eligieron popularmente a Al Gore, permitan la reelección de George W. Bush, seleccionado por cinco jueces de la Suprema Corte.

Este es el presidente con el cual deberán tratar, en pocos días, los jefes de Estado y de gobierno de Canadá y de Iberoamérica en Quebec. ¿Dónde estás, Bill Clinton, cuando más te necesitamos?

2001: JUNIO 11
Y SIGUE LA MATA DANDO...

"Bush" significa mata en castellano y el ahora presidente de los Estados Unidos ganó el campeonato de ejecuciones por pena capital cuando era gobernador de Texas: mató. Ahora, Bush está matando lo más preciado que tiene: su propia presidencia.

La mata bushista sólo se pudo plantar en la Casa Blanca gracias a cinco votos contra cuatro en la Suprema Corte. Perdió la elección popular, ganó por un solo voto de la Corte y ahora acaba de perder el control republicano del Senado, igualmente, por un solo voto. La defección del senador James Jeffords de Vermont le da al Partido Demócrata una mayoría de 51 sobre 49 y la presidencia de todos y cada uno de los poderosos comités senatoriales. El dinosaurio mayor, Jesse Helms, ofuscado y tenebroso instrumento de las compañías tabacaleras, coautor de la infame Ley Helms-Burton y dedicado denostador de México durante varias décadas, cede la presidencia del Comité de Relaciones Exteriores a un demócrata serio y equitativo, Joseph Biden. Ernest Hollings, quien con Adolfo Aguilar Zinser y Jorge Castañeda libró la batalla frontal contra el TLC durante la presidencia de Carlos Salinas, pasa a presidir el Comité de Comercio, con largas implicaciones para la relación mercantil con México y la América Latina a medida que Bush pregona un área continental de libre comercio. Desplaza a otro republicano descontento, el senador John McCain, cuya permanencia en el campo de Bush no parece asegurada y que, de cambiar de bando, reduciría a 48 la minoría republicana sin contar la próxima pérdida del anciano senador Storm Thurmond quien, como el rey Tezozómoc, tiene que ser cargado a su trabajo, y en otro poderoso comité, el de Finanzas, el demócrata Max Baucus, promotor del libre comercio, insiste en añadir capítulos sobre derechos laborales y protección del medio ambiente en los acuerdos comerciales en vigor o por venir.

Todo esto, y mucho más, constituye una advertencia contraria a la política de extrema derecha del presidente Bush. Pero éste continúa por su sendero reaccionario (*cangrejos para atrás*) como si nada hubiese cambiado, como si su legitimidad no fuese precaria, como si el mundo de 2001 fuese otra vez el de 1981. Las críticas consabidas contra los primeros cien días de Bush —la renuncia al Protocolo de Kyoto contra emisiones de gases nocivos; la resurrección de tensiones con China, Rusia, las dos Coreas; las políticas violatorias del medio ambiente, la salud escolar y la prevención del sida; su política irracional de energéticos ("perfora y quema")— han sido tozudamente incrementadas en numerosos capítulos. El más inconsistente y contraproducente se refiere a la decisión de desechar el Tratado Antibalístico de Misiles (ABM), que ha garantizado la paz desde 1972. A cambio, Bush, enérgicamente, propone un escudo nuclear... para proteger a los Estados Unidos de "Estados felones" como Irak y Libia. Europa se opone a semejante necedad: cambiar un sistema probado por otro improbado, incierto y cuya única razón es reanimar la carrera de armamentos, sepultada por el fin de la Guerra Fría. El análisis de izquierda, y aun marxista, se impone: a Bush lo mueve, en materia de energéticos y de armamentos, la razón de la ganancia para compañías privadas.

Pero si ganan las corporaciones, pierden los Estados Unidos al perder aliados y enajenar voluntades. La política antimisiles de Bush comprueba que el único peligro para los Estados Unidos es quedarse sin aliados. Europa y Japón se oponen, de hecho, a la iniciativa. Pero para implementarla Bush nombra a un espectro del pasado, Richard Perle, "el Príncipe de las Tinieblas", al que el mismísimo Henry Kissinger ha calificado como un peligro para la paz. Sepultado en la sombra por el fin de la Guerra Fría, el estratega de Reagan ha resucitado, fiel a sí mismo, para decirles a los aliados europeos, textualmente: "ya no los necesitamos" y para insultar, específicamente, a la nación francesa: "Si los franceses se quieren largar, que lo hagan."

En medio de esta orgía de unilateralismo, el buen general Colin Powell, secretario de Estado, juega un triste papel de hombre simpático y moderado, puente entre unos Estados Unidos aislados y una comunidad global que excluye a Washington de la Comisión de Derechos Humanos de la ONU, da la espalda a la política de defensa norteamericana, decide vivir con Irak y va privando a los Estados Unidos de sus prerrogativas globales.

Tom Daschle, el nuevo jefe de la mayoría demócrata del Senado, ha puesto de cabeza el programa Legislativo de Bush. En vez de la explotación de petróleo en el Ártico, tan cara a los intereses del grupo Bush-Cheney, Daschle ha colocado los derechos de los enfermos en primer término de la agenda. En contra de la iniciativa del escudo antibalístico, Daschle propone programas de educación preescolar. Por encima de las reformas reaccionarias a la seguridad social, Daschle ha puesto los derechos universales de retiro.

El tiro conservador le ha salido a Bush por la culata. México y la América Latina deben concluir que están tratando con un Ejecutivo norteamericano errático, ideológico, cada vez más débil, profundamente herido a los seis meses de su inauguración, terco, ciego y destinado a perder las legislativas dentro de dos años y la presidencia dentro de cuatro.

Si en vez de la Guerra Fría Bush le da al mundo una paz caliente, el mundo le dará una fría paz y sus propios conciudadanos, un ardiente fracaso.

2001: SEPTIEMBRE 20
CONTRA EL TERROR, EL DESARROLLO

Hay causas mediatas e inmediatas para explicar el fenómeno del terrorismo, magnificado desde el 11 de septiembre porque, si exceptuamos la incursión de Pancho Villa en Nuevo México en 1917, los Estados Unidos no habían sufrido un ataque directo contra la nación continental desde la invasión inglesa de 1812. Pero terror lo ha habido y lo hay todos los días y en todas partes: Irlanda del Norte y el País Vasco son los ejemplos más presentes. Pero si el terror de Bin Laden es novedoso porque no tiene bandera ni territorio ni instituciones, no es menos cierto que el terror oficial se ha ejercido con bandera, con instituciones y con ejércitos formales. El terrible siglo XX da cuenta de ello, de Hitler y Stalin a Pinochet y Videla.

Causa remota del terrorismo de hoy, se nos dice, es el rencor histórico contra los Estados Unidos por parte de quienes han sufrido invasiones, vejaciones, y toda suerte de agresiones por el gobierno de Washington. La lista es larga pero no alcanza a explicar el fenómeno, como tampoco lo explicaría un "factor envidia" al poder y prosperidad de la única gran potencia. Alejada esta razón, se invoca el fundamentalismo islámico, la cerrazón de las sociedades musulmanas, su alejamiento de los valores de Occidente. Pero, por un lado, ¿en qué medida se trata de una especie de violencia vicaria, dirigida más al Occidente perverso que a los gobiernos autoritarios, corruptos e incompetentes de buena parte del orbe islámico? La única disidencia que los gobiernos árabes no pueden reprimir es la disidencia en nombre de Alá. El integrismo árabe no puede ser prohibido ni reprimido. Es la válvula de escape de una protesta que, no pudiendo dirigirse contra los gobiernos de Irak, Irán, Siria, Arabia Saudita, Jordania o Egipto, se dirige contra los Estados Unidos, "la cabeza de la serpiente", como los llama Bin Laden.

Pero hay una causa, más que remota o próxima, profunda. Es la causa subyacente del fenómeno terrorista y se llama pobreza, subdesarrollo, humillación, injusticia, y también cotidiana comparación entre la triste realidad de todos los días y la esplendorosa realidad cosmética, rubia, refinada, rica, depilada y motorizada que la publicidad y los demás medios exhiben en todas partes y a todas horas en medio del hambre y marginación de tres mil millones de seres humanos.

El terrorismo quiere polarizar estas diferencias. Comete atrocidades con la esperanza de que se apliquen prontas represalias. El Occidente cae en la trampa y entra al pantano afgano del que nadie, ni la reina Victoria y los comisarios del Kremlin ayer ni la Casa Blanca y su escudero Tony Blair hoy, saldrán ilesos. La guerra contra el terror puede consumir todo lo demás, alimentando tan sólo sus propias llamas. Miles y miles de paquistanos se unen hoy a un Talibán prestigiado por la represalia de Occidente. No tardarán en unirse legiones de musulmanes más, en una escalada que puede dejar chiquito el drama de Vietnam.

Es por eso que muchos hombres y mujeres de buena fe ofrecen hoy alternativas constructivas y visiones de bienestar para las víctimas de la desigualdad. Porque si ésta no es la causa inmediata ni del terror ni de la guerra, sí es la causa eficiente profunda. Que los terroristas no seduzcan a los pobres, pide el eminente economista peruano Hernando de Soto. No hay economía de mercado sana si los pobres quedan fuera del mercado, sin títulos de propiedad o con posesiones precarias, sin crédito y sin acceso a la justicia. El desarrollo es la única cuña posible entre el terrorismo y los pobres. Hasta ahora, alega De Soto, los gobiernos del mundo en desarrollo han obrado con buen juicio a favor de la macroeconomía. Han estabilizado la moneda. Han equilibrado el presupuesto. Han privatizado (no siempre con justicia o con éxito). Ha llegado la hora de pasar a la microeconomía, al capitalismo desde abajo. De Soto proporciona un dato sorprendente. Fuera del mercado, en la economía informal, los pobres de México atesoran activos por 315 mil millones de dólares, lo cual equivale a siete veces el valor de Pemex... lo que no tienen son títulos de propiedad, seguridad, justicia.

George Soros, por su parte, ofrece numerosas propuestas constructivas contra el terrorismo. Observa una gran disparidad entre las instituciones globales, fuertes en comercio y finanzas, pero sumamente débiles en términos sociales. La globalización sirve para generar riquezas, dice el financista húngaro-americano, pero no para satisfacer necesidades sociales. ¿Basta con transferir recursos de países ricos a países pobres? No, en la medida en que la asistencia es armada para servir más a los que dan que a los que reciben. No, si la asistencia acaba en manos de gobiernos corruptos y autoridades incompetentes. En cambio, si la asistencia se presta bajo forma de DEGs, Derechos Especiales de Giro, o sea activos internacionales de reserva que sirven como unidad de cuenta y medio de pago entre Estados, la aplicación concreta de recursos puede ser controlada y administrada con honestidad y eficacia por Consejos Meritorios, es decir, formados por individuos de probada capacidad y honestidad dentro de sus respectivas sociedades civiles.

Los Consejos Meritorios que propone Soros para administrar la cooperación internacional elegirían los programas de desarrollo y controlarían su aplicación. Al respecto, Soros distingue entre fondos administrados a escala global en cooperación con agencias especializadas (v.g., la OMS y el sida), programas nacionales y regionales para combatir la pobreza y programas de microcréditos canalizados a través de organismos no gubernamentales.

A ello añado con insistencia la propuesta de Carlos Slim, que es la del Nuevo Trato de Franklin D. Roosevelt y la de un keynesianismo renovado como el que propone Felipe González: activar el mercado interno. Todo ello atañe, por supuesto a la América Latina y a un país como México, afectado desde antes del 11 de septiembre por la recesión norteamericana. Ahora, nuestros problemas se agudizarán por múltiples razones: descenso de exportaciones, de inversiones, de remesas de trabajadores, de turismo. ¿Qué nos queda? Lo más valioso de todo: el capital humano.

2001: OCTUBRE 9
11 S: LA CASA A OSCURAS

Los bombardeos contra Afganistán tienen un propósito: castigar y aniquilar a Osama bin Laden y su organización terrorista. Tienen una urgencia: hacerlo antes de que el "general invierno" derrote a los norteamericanos como derrotó, antaño, a los rusos y a los ingleses. Tiene una dificultad: vencer desde el aire a un enemigo escurridizo en terreno montañoso y pleno de escondrijos, sin dañar ni a la población civil afgana ni al personal militar de los Estados Unidos. Nada empaña más el fervor del momento que el lento retorno de jóvenes cadáveres.

Escribo horas después de que se iniciaron los ataques, el domingo 7 de octubre. Todas estas interrogantes pesan sobre mi ánimo y, no siendo adivino, no sabría contestarlas. Sí me planteo, en cambio, tres dimensiones del conflicto tal y como se ha venido gestando. La primera cuestión tiene que ver con el efecto de una guerra no declarada contra un enemigo invisible sobre una sociedad democrática y sujeta a leyes. Vietnam marcó un hito. Lyndon B. Johnson nunca declaró la guerra. Cometió el error de continuar una contienda colonialista francesa que no le concernía a Washington. Indochina no afectaba a la seguridad norteamericana hasta que Washington decidió, erradamente, lo contrario y perdió la guerra. Pero Vietnam tenía rostro, nombre, dinámica. Hanoi, Ho Chi Minh, el Vietcong personificaban una guerra anticolonialista que los Estados Unidos perdieron, con los efectos que todos sabemos sobre la política interior norteamericana.

La guerra de Afganistán tiene otros caracteres, pero detrás de ellos se pueden distinguir tres facetas preocupantes, tres precios a pagar. El primero tiene que ver con la crítica interna y la defensa de la democracia dentro de los propios Estados Unidos. El segundo, con la crítica externa a las acciones norteamericanas. Y el tercero, con el verdadero fondo del problema: los posicionamientos de poder en los conflictos del Oriente Medio y el desequilibrio global de la riqueza.

1. La guerra y las libertades democráticas internas. La Primera Enmienda a la Constitución de los Estados Unidos establece la prohibición de limitar o abreviar (*abridge*) las libertades de prensa y de expresión. Sin embargo, en tiempos de crisis la tentación gubernamental y las emociones públicas pueden poner en entredicho esta libertad democrática fundamental, complementada por la Quinta Enmienda: Nadie puede ser "obligado en cualquier caso criminal a prestar testimonio contra sí mismo". El senador Joseph McCarthy pervirtió ambos mandatos constitucionales. Mediante la presión y el chantaje, no sólo satanizó la libertad de expresión con el sambenito del "comunismo", sino que empleó la Quinta Enmienda para hacer creer que quienes la invocaban lo hacían para ocultar su adhesión al comunismo y a la URSS. La trágica cosecha del macartismo es de todos conocida: carreras destrozadas, familias enteras estigmatizadas, vidas segadas y la corrupción de todo el entramado de la cultura norteamericana. Que Afganistán no desemboque en algo similar.

La guerra de Vietnam permitió a la libre expresión recuperarse en los Estados Unidos, en conjunción con la lucha por los derechos civiles. Hoy, a raíz del criminal atentado del 11 de septiembre, el mismo conflicto interno ha brotado. El desbordamiento justificado de la indignación y el dolor populares se ha traducido en cotas de popularidad vertiginosa a favor del presidente Bush, tan cuestionado antes de esa fecha. Esto es natural. Lo mismo ocurrió cuando Bush padre encabezó la Operación Tormenta del Desierto contra Saddam Hussein. Pero atención: dos años más tarde, Bush padre perdía las elecciones presidenciales. El foco, tan caprichoso, de la opinión pública se había desplazado de la Guerra del Golfo a la situación económica. *It's the economy, stupid* le ganó la presidencia a Clinton.

No obstante, la lucha por la libertad de expresión se da aquí y ahora, es inaplazable y aunque es comprensible que un gobierno tome medidas de seguridad en situaciones de crisis, también lo es que las voces críticas afirmen sus derechos, aun al precio de ser estimadas como poco patriotas o, de plano, como traidoras. Es en estos casos cuando se justifica el famoso dicho del doctor Johnson: "El patriotismo es el último refugio de los canallas."

La crítica interna ha provocado reacciones deplorables. Bill Mahler, presentador del programa "Políticamente Incorrecto", se quedó sin los principales patrocinadores por haber dicho que los terroristas eran criminales, pero no cobardes. Mahler hubo de disculparse. Tom Gutting perdió su puesto en el *Texas City Sun* por haber cuestionado los movimientos de Bush el día del atentado ("un niño asustado buscando refugio en la cama de su madre después de una pesadilla"). Por iguales motivos, Dan Guthrie fue despedido del *Daily Courier* de Oregon. Barbara Lee, la única diputada que votó en contra de la carta blanca dada a Bush por el Congreso, ha recibido un aluvión de amenazas y la protección de guardaespaldas. El más lúcido, sereno e imparcial de los conductores noticiosos de televisión, Peter Jennings, recibió diez mil llamadas injuriosas por su falta de obsecuencia en tanto que Dan Rather, lacrimoso, declaró ante las cámaras: "Haré lo que Bush mande."

En este clima, resulta doblemente admirable la independencia crítica de Susan Sontag, fatigada de "las moralinas sandias y las engañifas descaradas que como merolicos procuraron vendernos casi todos nuestros personajes públicos". Sontag exige mejor pensar seriamente sobre "el fracaso colosal de la inteligencia y la contrainteligencia estadounidenses, sobre el futuro de nuestra política, más que nada en el Medio Oriente". En vez, Sontag advierte "la unanimidad de la retórica mojigata, de la retórica que oculta la realidad lanzada a chorros por casi todos los funcionarios... y los comentaristas de los medios". Ello es, indica Sontag, "indigno de una democracia madura" y recuerda "las perogrulladas autocelebratorias, con aplauso unánime, de los congresos del Partido Soviético".

Steve Wasserman, editor del mejor suplemento literario norteamericano, el *Book Review* del *Los Angeles Times*, va más lejos y más hondo: "Los norteamericanos sufren de una persistente amnesia colectiva... Nos hemos arraigado en el concepto de que la historia, si acaso es importante, es más una carga que una ayuda en nuestra marcha imparable hacia un munificante futuro... El costo de semejante miopía es alto. Debilita la inteligencia, promueve toda suerte de panaceas y le otorga licencia a la infantilización de la opinión pública."

2. *La crítica externa*. La crítica externa la personifica Günter Grass, quien, al deplorar la "solidaridad ilimitada" del gobierno de Gerhard Schroeder hacia el de George W. Bush, recuerda que la amistad con los Estados Unidos se comprueba advirtiéndoles de los errores que cometen. Más allá, Grass va a uno de los temas de fondo del actual conflicto: "El terrorismo sólo puede ser combatido con más justicia económica." En el mismo orden de cosas, Juan Goytisolo se pregunta: "El trauma creado por la monstruosa matanza del WTC, ¿va a desem-

bocar en una militarización de nuestras sociedades… o bien, como sería deseable, en un refuerzo de los valores cívicos destinados a poner coto al terror enfrentándose con las causas políticas, sociales y económicas que lo alimentan?" Hoy, parece que la primera opción prevalece.

3. Medio Oriente e injusticia global. La causa subyacente del conflicto es la profunda y creciente división global entre pobres y ricos y la percepción de que no existe voluntad para equilibrar el desarrollo mundial o atender prioritariamente los problemas del hambre, el techo, la salud y la ignorancia de por lo menos tres mil millones de seres humanos. Es natural que en estas circunstancias, advierte Alain Touraine, quienes se sienten desheredados cierren filas e intenten extender las zonas de violencia. Anthony Sampson, el agudo analista británico y biógrafo de Nelson Mandela, añade que el peligro de la actual situación consiste en que los movimientos no se limiten a los terroristas, sino que se extiendan a "los millones en todo el mundo en vías de desarrollo que se han sentido humillados por el Occidente". Árabes, africanos y asiáticos, concluye Sampson, "a los que se ha hecho sentir que son inútiles y marginales".

Muchas culturas, con o sin razón, se sienten amenazadas por la ofensiva de un asalto global uniformizante y desvalorador. En consecuencia, hay un resurgimiento de valores ciertos de la aldea local frente a la aldea global: historia, tradiciones, memorias, lazos familiares, lenguas, costumbres. Todo ello, al fin y al cabo, enriquece, porque la diversifica, a la cultura global y reivindica, como lo dice el filósofo mexicano Luis Villoro, el reconocimiento de las diferencias. Prosigue Villoro: "Las exigencias de esas reivindicaciones no están dirigidas contra la igualdad y la ley sino contra la insuficiencia del respeto a los derechos y la desigualdad de trato y de oportunidades."

Que la otra cara de la aldea local sea negativa —fundamentalismos religiosos, tribalismos conflictivos, xenofobias, chovinismos, acciones terroristas, tradiciones nugatorias de los derechos humanos, sobre todo de las mujeres— no debe apartarnos del deber de encontrar soluciones a los conflictos generados a partir de las culturas locales, a veces porque datan de tiempo atrás, a veces porque, como indica Goytisolo, los alimentan las políticas de las potencias mayores.

Un ejemplo preciso de lo anterior es el caso del gran crítico y pensador palestino Edward Said, atrincherado tras veinte cerrojos contra las amenazas que llueven sobre su despacho en la Universidad de Columbia. Said lleva años defendiéndose del terrorismo interno norteamericano, ciegamente pro-israelí y opuesto a la única solución del conflicto de Oriente Medio: la creación de un Estado palestino soberano, pleno, con fronteras, territorio y atribuciones propios, que no viva pulverizado, cercado y rencoroso. Un Estado palestino lado a lado con un Estado de Israel en relación de estricto respeto mutuo y garantías internacionales. Said no se muestra obsecuente con su propio partido: "Durante años he estado afirmando que nuestras principales armas como árabes no son militares sino morales y la única razón por la que… la lucha palestina por la autodeterminación no ha captado la imaginación del mundo es que no hemos definido de modo inequívoco que nuestro propósito es la coexistencia y la inclusión, no el exclusivismo y el retorno a algún pasado mítico e idílico."

La propuesta de Said es importantísima. Es un llamado a un *aggiornamento* árabe que, sin renegar de las grandes virtudes de la cultura islámica, sino más bien potenciándolas, prive a fundamentalistas criminales e irracionales como Osama Bin Laden de sus justificaciones y aun de sus acciones. Pues la guerra detrás de esta guerra, a los ojos del archicriminal Bin Laden, no es tanto atacar el corazón del imperio americano y provocar un ataque igualmente irracional a la irreductible nación afgana, sino forzar a la Arabia Saudita, patria de Bin Laden, a cambiar su juego, renegar de sus pragmatismos y duplicidades frente al Occidente y convertirse, con Bin Laden al frente, en el centro capaz de diseminar terror y de estrangular petróleo, todo en el nombre falsario de la pureza mítica del Islam. El ataque a Afganistán cae en esta trampa. Empuja a los saudíes fuera de su cómodo escenario chantajista y, como nos recuerda el escritor paquistaní Tariq Ali, es el sostén y criadero de los doscientos veinte mil fanáticos de un llamado "cosmopolitismo" islámico formados en las *madrasas*, internados religiosos financiados por Arabia Saudita, y entrenados para matar y morir. Hay que denunciar esta chapuza. Los terroristas no actúan en nombre de los pobres de este mundo, sino estrictamente en contra de los Estados Unidos y sus aliados árabes en el *crux* político del Oriente Medio.

A nosotros, el ancho mundo fuera de estos intereses especiales, nos corresponde defender una y otra vez los intereses más vastos de la humanidad en un siglo XXI que se estrenó, políticamente, el 11 de septiembre, envuelto en un doble engaño. Primero el engaño terrorista de que ataques como el de ese día pueden quebrantar la paz y la seguridad internacionales sin esperar represalias y escaladas que destruyan o hieran profundamente a Occidente y al Islam, pero, sobre todo, a la población civil de uno y otro lado. Y en segundo, el engaño de la Administración Bush de que la seguridad mundial se defiende rompiendo equilibrios de desarme largamente construidos, sustituyéndoles por defensas antimisiles que podrán animar la economía de guerra pero no proteger la seguridad de los propios Estados Unidos.

¿Habrá, en la venidera Asamblea General de la ONU, voces suficientes de la comunidad internacional que señalen, después de estos trágicos sucesos, la imperiosa necesidad de enderezar el poder político, los recursos financieros y la imaginación humana hacia eso que tan justamente ha indicado Óscar Arias la responsabilidad hacia los países que aún no logran vencer el subdesarrollo?

El siglo XXI, debutando con violencia, parece una prolongación nefasta del siglo XX, el de la peor violencia porque coincidió con el mayor adelanto científico y tecnológico. De poco sirve hacer sumas de víctimas. Nadie escapó al estigma de la violencia en el siglo XX, ni los Estados Unidos, ni Rusia, ni Europa, ni el llamado Tercer Mundo. Nadie puede arrojar la primera piedra. Todos los techos son de vidrio. Ahora hay que construir azoteas donde se pueda salir a tomar el sol sin temor de que nos caiga una bomba o nos atraviese un Boeing. Pero para ello se necesita una planta baja con salón de clases, con cocina y dormitorios sin miedo. Se necesita un hogar humano con cimientos de educación, salud, justicia y amor.

Hoy es de noche y las casas se han caído.

2001: DICIEMBRE 2
UN DOMINGO CUALQUIERA

Digamos, el domingo 2 de diciembre. Voy volando sobre la pampa argentina. Me asombran, como la primera vez que las vi a los quince años de edad, la extensión de las fértiles llanuras, su riqueza productiva, capaz de alimentar a la Argentina y, como lo hizo al terminar la Segunda Guerra Mundial, a Europa. Sus inmensos ríos, largos, profundos, navegables. Comparo esta prodigalidad de la naturaleza argentina con la mezquindad de la mexicana, nuestra abrupta orografía, nuestras selvas y nuestros desiertos, los escasos bolsillos de fertilidad agrícola, el agua que falta y el agua que se acaba, la erosión... Y me pregunto, ¿qué han hecho los argentinos de la Argentina? ¿Por qué teniéndolo todo han acabado sin nada? Este domingo, el retiro masivo de cuentas bancarias ha obligado a cerrar los dispensadores automáticos y a limitar a mil dólares por mes los retiros de una moneda nacional equivalente a la norteamericana. ¿Cómo es posible que uno de los países más ricos del mundo esté al borde de la quiebra?

Vuelo al norte. La buena fe del gobierno colombiano de Andrés Pastrana es burlada por la mala fe de la diabólica unión de guerrilla y narcotráfico. Los rebeldes se mofan del gobierno, establecen su propia ley en la mitad del territorio, secuestran, asesinan, trafican y preparan, en las actuales condiciones mundiales, el más trágico de los desenlaces para Colombia y para Latinoamérica: la ocupación de un país declarado ingobernable por las fuerzas armadas de los Estados Unidos, en nombre de su propia seguridad y del combate al crimen organizado. Y si no es así, las presiones lanzan al ganador de la siguiente elección presidencial, agotadas las providencias de la paz, a la guerra total, sin cuartel.

Lloramos por Colombia. Dan ganas de reír en Venezuela. Un personaje de opereta, reminiscente de todas las novelas del realismo mágico, se arropa en la figura de Bolívar para arrogarse crecientes poderes autoritarios. En el colmo de su teatralidad bufa, Hugo Chávez le escribe cariñosamente a un terrorista notorio, el "Ciudadano" Ilich Ramírez Sánchez, alias "Carlos", una carta de amor cuya cursilería resulta, a la vez, antológica y reveladora. Botón de muestra: "El Libertador Simón Bolívar, cuyas teorías y praxis informan la doctrina que fundamenta nuestra revolución, en esfíngica invocación a Dios dejó caer esta frase preludial de su desaparición física: ¿Cómo podré salir yo de este laberinto?" García Márquez convirtió la frase de Bolívar en una gran novela. Chávez la rebaja a la sátira barata. ¿Qué puede esperarse de un presidente que se atreve a decir *esfíngica invocación* y *frase preludial?* Que su cabeza es un basurero. Y que a Venezuela le esperan muy malos momentos.

México, comparativamente, sale bien librado. Pero sólo comparativamente. El bono democrático de Vicente Fox se agota rápidamente y si hasta hace poco nuestro presidente compensaba su mala prensa interna con buena prensa internacional, a un año de su toma de poder la evaluación externa se vuelve negativa. En perpetua campaña de relaciones públicas, a Fox le llegó el tiempo de sentarse a gobernar, depurar y controlar a su gabinete, nombrar a un *chief of staff* que le ordene las prioridades y le facilite las operaciones. No le bastará volver la cara acusatoria al pasado sólo porque no tiene rostro satisfactorio para el futuro.

Si a principio del año 2001 México era prioridad número uno de los Estados Unidos (Bush *dixit*), hoy ni siquiera figura en la pantalla de radar de Washington. La guerra en

Afganistán llena de satisfacción a la Casa Blanca: la operación contra el Talibán ha sido efectiva y rauda. Pero ahora estalla la paz. Por una parte, como en América Central en los ochenta, los Estados Unidos son muy propensos a prometer el cielo mientras libran sus guerras y a dejar un olvidado infierno detrás, cuando sienten que las ganan. Afganistán no se reconstruirá solo. Necesitará ayuda internacional masiva. Requerirá extraordinaria inteligencia política para coordinar a las facciones victoriosas pero enconadamente rivales. Se necesitará la presencia de Europa, de la ONU, de la comunidad internacional toda…

Nada indica que el gobierno de Washington esté pensando seriamente en estos problemas. Y es que si Bush, en contra de lo que prometió en campaña, no ha podido aislarse de la intervención norteamericana en el extranjero, sí mantiene alta la bandera del unilateralismo de su país. El terrorismo lo obligó a abandonar el aislacionismo, pero no el unilateralismo. "Dejarme solo", como los matadores.

Uno de los peores datos de este mal domingo que voy evocando es que cuatro de cada cinco norteamericanos aprueban las medidas anticonstitucionales emprendidas por el fiscal general, John Ashcroft, para combatir al terrorismo dentro de los Estados Unidos mediante actos terroristas contra las libertades que serían la razón de ser de los propios Estados Unidos. Tribunales militares secretos, abolición de jurados, procesos conducidos por oficiales de las fuerzas armadas, incomunicación del acusado con sus abogados, presunción de culpabilidad *a priori*, exclusión del derecho a apelar sentencias… Ashcroft está creando un régimen de delación: el que denuncia será compensado con fuertes primas en metálico. El macartismo enseña su diabólica cola, el racismo antimigratorio su cavernaria cabeza. El procurador Ashcroft se justifica: "Yo mismo soy descendiente de inmigrantes." Valiente excusa: ¿Quién, en el continente americano, ¿no es descendiente de inmigrantes? Incluso los aztecas y los navajos llegaron de otra parte.

El júbilo guerrero de los Estados Unidos los impulsa desde ahora a la siguiente acción militar. Un *crescendo* de voces internas clama por la destrucción militar de Irak y el régimen del siniestro Saddam Hussein. Que siempre fue siniestro, como lo fue Bin Laden. Ambos, criaturas de la diplomacia norteamericana. Hussein, para servir a Washington contra el Irán de los ayatolas. Bin Laden, para ayudar a los Estados Unidos contra la ocupación soviética de Afganistán. Como el doctor Frankenstein, los Estados Unidos crean a sus propios monstruos. En vano advertirá Europa contra una aventura en Irak cuando los fuegos de Afganistán ni siquiera son ceniza. Los kurdos del norte se lanzarán contra Bagdad. Pero el aliado norteamericano, Turquía, lo quiere todo menos la vecindad del enemigo kurdo. El Islam entero, de Argelia a Indonesia, le restará el apoyo que hoy pueda darle a Washington si la guerra se extiende de una acción antiterrorista a una guerra formal contra un Estado musulmán. Rusia, con claros intereses y magnificada presencia en la región, obrará maquiavélicamente (¿han visto la mirada de Putin?) contra los Estados Unidos.

Mientras tanto, crecerá la llaga por donde sangra todo el problema del Oriente Medio: el conflicto entre Israel y Palestina y la jefatura de dos hombres igualmente dañinos, uno por su belicosidad ciega (Ariel Sharon), otro por su debilidad corrupta (Yasser Arafat). La violencia de uno alimenta la violencia del otro y se aleja, acaso con premeditación, la única manera de obtener la paz. Nuevos liderazgos, jóvenes, ilustrados y conscientes de que la justicia y la historia exigen un Estado de Israel y un Estado Palestino viviendo lado a lado, con territorios definidos, recursos propios y respeto mutuo.

Y en el fondo de todo, el gran desafío irresuelto de una humanidad que tiene, como nunca en la historia, los medios para resolver la situación de hambre, enfermedad e ignorancia de tres mil millones de seres —la mitad del planeta— y se niega a tomar las medidas que, a corto y a largo plazo, desvanecerían los motivos de alarma, confrontación, terror y error que evoca este domingo.

Quienes nos iremos más pronto que tarde de la vida, no dejamos atrás un mundo mejor al que conocimos de jóvenes. Dan ganas de dar gracias: Ya no veremos lo peor. Dan ganas de dar pena: Qué triste es ser joven en un mundo como este. Pero qué desafiante, qué creativo, qué imaginativo también, ser joven, ser viejo y seguir siendo humano.

2001: DICIEMBRE 9
LIBERTADES PÚBLICAS Y SEGURIDAD NACIONAL

El presidente George W. Bush le ha declarado "la guerra al terrorismo". Se trata, sin duda, de un eufemismo, como "la guerra contra el crimen", "la guerra contra la malaria" o "la guerra contra la prostitución". Porque una guerra, en sentido estricto, sólo puede librarse por un Estado nacional contra otro Estado nacional soberano, con bandera, territorio y jefes de Estado reconocibles. El terrorismo no responde a estas exigencias. No tiene territorio, tiene guaridas. No tiene jefes de Estado, tiene instigadores. Y no tiene bandera, como no sea el "Jolly Roger" —calavera y huesos— de los piratas, como lo ha indicado el historiador Arthur Schlesinger.

El combate al terrorismo será, por estos motivos, un combate permanente. Como la hidra, donde se corta una cabeza del terror crecerán cien más. Como el hombre invisible, el terrorista cambiará de ubicación, protección, escondite, con la rapidez del criminal avezado. Escapa a las leyes clásicas de la guerra y pone en entredicho la legislación interna de los países afectados. Razón de más para reforzar, en una dimensión, el derecho de gentes y, en la otra, las leyes internas protectoras de los derechos civiles, a pesar de o en razón de las leyes de excepción para combatir al terrorismo. El terror no se combate con el terror, ni la ilegalidad con más ilegalidad en nombre del antiterrorismo. La mejor defensa contra el terror es situar la legislación contra el terror en espacios que no menoscaben las libertades públicas y las garantías individuales. Ejercicio arduo, como ardua es la protección concomitante de la seguridad y de la democracia.

De allí la gravedad de las medidas tomadas por Bush y su procurador general, John Ashcroft, limitando severamente las libertades públicas norteamericanas en nombre del combate contra el terrorismo:

* La creación de tribunales militares secretos para juzgar y condenar a personas sospechosas de ser, poder ser o querer ser terroristas.

* La facultad arbitraria del Ejecutivo para decir quién o quiénes han de ser juzgados por los tribunales *ad hoc*.

* La celebración de juicios secretos en alta mar o en bases militares tales como la de Guantánamo en Cuba.

* La abolición de jurados y su sustitución por comisiones de oficiales de las fuerzas armadas.

* La supresión del derecho del acusado a comunicarse con sus abogados.

* La abrogación del principio de que todo individuo es inocente hasta probarse que es culpable, a favor del principio de presunción de culpabilidad y, en consecuencia, la responsabilidad de la prueba a cargo del acusado.

* Abogados defensores impuestos por el tribunal sin consultar al acusado.

* El acusado y sus abogados no tendrán acceso a los documentos de la acusación.

* La culpabilidad no requerirá, como lo establece el derecho vigente, pruebas "más allá de toda duda razonable". Bastará la decisión mayoritaria y discrecional de los jueces militares.

* No habrá derecho a apelaciones.

Esta violación masiva de una legalidad consagrada en la Constitución y las leyes de los Estados Unidos crea, en efecto, un régimen de terror interno y puede conducir —conduce ya— a espantosos errores judiciales y a un clima de sospecha, delito por asociación y culpabilidad por apariencias.

Hay tantos musulmanes —seis millones— en los Estados Unidos como judíos hay. Son hombres y mujeres, en su inmensa mayoría, pacíficos y trabajadores. Y la verdad es que la tolerancia general (pese a las conocidas excepciones racistas y antimigrantes) existente en los Estados Unidos, hasta ahora, ha respetado a las comunidades musulmanas.

Hoy, muchos miembros de ellas se sienten inseguros y amenazados por el clima general y por las leyes particulares. Miles de estudiantes del mundo musulmán acuden, por ejemplo, a las universidades norteamericanas. Hoy abandonan sus estudios por centenas, urgidos de regresar a casa por sus familias. Cinco mil jóvenes musulmanes con visas temporales de estudios, de negocios y de turismo han sido interrogados por el FBI. Y muchos residentes musulmanes de largo tiempo han decidido abandonar los Estados Unidos. El *New York Times* da cuenta de lo dicho por Sara Bavawi, ciudadana norteamericana de origen jordano: "Es tiempo de regresar a casa." Actitud compartida por numerosos ciudadanos de origen mediterráneo oriental que han expresado su temor de ser detenidos arbitrariamente, atacados por odio y prejuicio y decididos a vender sus propiedades y regresar a sus países de origen.

No desecho las actitudes del gobierno de Bush inaugurando mezquitas, asegurando su respeto a los musulmanes norteamericanos y predicando tolerancia. Sin embargo, el carácter arbitrario, *ad hoc*, anticonstitucional, caprichoso y expuesto a graves injusticias de las nuevas leyes antiterroristas, bien puede herir, precisamente, las virtudes de la excepción, convirtiéndose en la regla de la intolerancia.

Una y otra vez, el gobierno de los Estados Unidos justifica sus medidas draconianas evocando la Revolución de Independencia de Washington, la Guerra Civil de Lincoln y la Segunda Guerra Mundial de Roosevelt. Pero estos eran eventos —grandes eventos— transitorios. Washington ganó la independencia, Lincoln la guerra civil y Roosevelt la guerra mundial. Ni Bush ni nadie ganará la guerra contra el terrorismo. El 11 de septiembre inauguró bajo su signo el siglo XXI. Y como la guerra será interminable, se corre el riesgo de que la legislación de excepción se convierta, también, en norma permanente.

Quienes queremos y admiramos las muchas virtudes democráticas y la poderosa fibra libertaria de la ciudadanía norteamericana, sólo podemos confiar —rogar— que, como en otras ocasiones, la legalidad se afirme por encima de la arbitrariedad política y el celo ideológico de personajes —Bush, Ashcroft— al cabo pasajeros.

Prueba de ello es que el jefe de policía de la muy bella ciudad de Portland (Oregon) se ha negado a obedecer los decretos fascistas del procurador Ashcroft. Y motivo de esperanza es que un periodista tan conservador como William Safire (autor de los discursos de Richard Nixon en la Casa Blanca) argumente contra lo que llama la "espantosa desviación del procedimiento legal" puesta en marcha por el gobierno de Bush, comparándola a los "Star Chambers" de la Edad Media inglesa y del reinado de Enrique VIII para procurar decisiones expeditas favorables al poder y esquivando los tribunales del *Common Law*. La Francia monárquica y aun la republicana ("la cuestión") han apelado a estos procedimientos infames, para no hablar de nuestra muy castiza Santa Inquisición.

No son éstas comparaciones gratuitas. Las medidas propuestas por Ashcroft no sólo violan la Constitución y el derecho común norteamericanos. Violan el propio Código de Justicia Militar vigente en los Estados Unidos, que exige, nos informa Safire, "juicio público, la demostración de culpabilidad más allá de toda duda razonable, que el acusado tenga voz en la elección de los miembros del jurado y el derecho a elegir abogado... y sobre todo, la posibilidad del recurso de apelación ante civiles..." Todas y cada una de estas previsiones de la propia justicia militar de los Estados Unidos están siendo violadas por el procurador general de Justicia de los Estados Unidos.

Se trata de un asunto de extrema gravedad que afecta no sólo a los ciudadanos estadounidenses sino a todos los que, en el mundo, en la América Latina y muy particularmente en México, abogamos por el Estado de derecho, las garantías individuales y un sistema judicial limpio de arbitrariedades y corrupción. Hay que estar muy alertas. En más de una ocasión, el ejemplo interno negativo de los Estados Unidos (el macartismo, la Guerra Fría) ha servido a los autoritarismos latinoamericanos de escudo y pretexto.

El gobierno español merece, por todo ello, un aplauso negándose a entregar a un tribunal de los Estados Unidos a ocho sospechosos de terrorismo que carecerían hoy, en Norteamérica, de las garantías judiciales que España, al otorgarlas a un sospechoso, se otorga a sí misma.

2002: ENERO 2
¿FELIZ AÑO NUEVO?

Es vieja costumbre del mundo anglosajón iniciar el año nuevo con una serie de "resoluciones", entendidas como compromisos de la voluntad. Es un acto que se aviene bien con el pragmatismo del Norte, si por "voluntad" entendemos actos que seleccionan un objetivo y ponen en marcha su consecución. Sospecho que en nuestro mundo iberoamericano, más que resoluciones, cada año expresamos deseos con la esperanza de que se cumplan y de que, ciertamente, se cumplirían gracias a nuestra acción. Pero hay una dimensión humana del deseo que los iberoamericanos no perdemos de vista: el deseo puede rebasar nuestra acción y, aun, nuestras vidas. En el origen mismo de la historia de México (la nación indohispana, no la precortesiana) hallamos la contradicción entre la acción y el deseo. Bernal Díaz del Castillo nos da cuenta, en su *Historia verdadera,* del trágico acto histórico de desear lo que se mata y matar lo que se desea. Y Solís aplica nada menos que a Hernán Cortés estas ciertas aunque terribles palabras: "Dejó su muerte igual ejercicio a la memoria que al deseo." La diferencia es esta. El acto cumple su objetivo. El deseo jamás se cumple plenamente, porque deseo engendra deseo, interminablemente. Y si desear algo significa la apropiación de la cosa deseada, lo obtenido pugna enseguida por liberarse de la posesión: desea, a su vez, emanciparse para seguir deseando libremente. Cadena sin fin.

Es dentro de este marco que ubico mis deseos, muchos de ellos reiterados año con año, para este capicúa que se inicia, el 2002.

Deseo que en este siglo sepamos al fin unir la capacidad científica y técnica —la más avanzada de la historia— a la capacidad política y humana —en contraste con aquélla, la más retrasada de la historia—. Tenemos todos los medios, científicos, técnicos y aun financieros, para erradicar la pobreza, el hambre, la ignorancia de, por lo menos, la mitad de la población del planeta. ¿Por qué no lo hacemos? Porque carecemos de la voluntad política, de la acción y el deseo combinados, para hacerlo. Repito cifras bien conocidas.

* 1.3 mil millones de seres humanos viven con menos de un dólar diario y cada año cuarenta millones de hombres, mujeres y niños mueren de hambre (Bill Clinton ante la Asamblea General de la ONU, 1999).
* La reducción del uno por ciento en gastos militares bastaría para darle escuela a todos y cada uno de los niños del llamado Tercer Mundo (Federico Mayor Zaragosa, ex director general de la UNESCO).
* Bastaría aumentar los gastos de salud en un dólar diario por persona para que todos los niños del mundo quedasen inmunizados contra la tuberculosis, la malaria, la diarrea y la neumonía. (Bernard Lown, Premio Nóbel de Medicina, 1985).

Estos son deseos que, desgraciadamente, no se cumplirán en el año 2002. Un nuevo y terrible escenario mundial concentra la atención en otras zonas de la vida... y de la muerte.

El ataque terrorista contra el suelo continental de los Estados Unidos llenó a toda persona con cabeza y corazón de horror, rechazo y sentimientos de solidaridad con el pueblo norteamericano. Nos recordó, en el debut del siglo XXI, las violentas heridas del terror prácticamente omnímodo que maculó al siglo XX, de los grandes terrores (las dos guerras mundiales, los totalitarismos de derecha y de izquierda, las tiranías impunes de Europa Central, América Latina, Asia y África) a los terrores insidiosos, pequeños sólo en apariencia, de matanzas locales que sólo en mi país, México, cubren décadas de dolor e injusticia, de Tlatelolco (matanza de estudiantes por el gobierno de Díaz Ordaz) a Aguas Blancas (matanza de campesinos por el gobernador Figueroa en Guerrero) a Acteal (matanza de indígenas chiapanecos por bandas paramilitares). ¿Y no es otra forma de terrorismo callado y constante el que mencioné líneas arriba: hambre, ignorancia, miseria?

¿Y no es terrorismo de otro calibre negarle derechos a la mujer, protección al anciano, educación al niño, respeto a raza, credo u orientación sexual?

Deseo que los Estados Unidos, explicablemente heridos por un terrorismo inesperado en su propio territorio, no reaccionen confundiendo los necesarios servicios de inteligencia y defensa nacionales (¿dónde estaban la CIA y el FBI antes del 11 de septiembre?), no confundan la seguridad nacional con el terrorismo contra las libertades públicas internas. Las medidas anunciadas por el temible procurador general John Ashcroft se proponen otorgarle al Ejecutivo facultades propias de los poderes Judicial y Legislativo en un combate contra el terrorismo que derrotará, más que al terrorismo, a las libertades públicas. Y éstas son, al cabo, la mejor defensa contra el terrorismo. Recordemos cómo el macartismo, por defender a los Estados Unidos del comunismo, acabó adoptando las mismas medidas del estalinismo: la delación, la culpa por asociación, la prisión injustificada, la destrucción de reputaciones.

La mejor defensa de la democracia norteamericana se encuentra en el ejercicio de la democracia norteamericana y en su extensión a las medidas de cooperación internacional denegadas por la Administración Bush: La Corte Penal Internacional emanada del Convenio de Roma, el Protocolo de Kyoto y el coto a la carrera armamentista, animada por el abandono del tratado ABM y el unilateralismo armamentista de Bush, imaginado contra "Estados bellacos" (*rogue states, i.e.*, Corea del Norte, Libia, Irak) pero incapaz de impedir el uso de aviones comerciales como misiles contra Nueva York y Washington. Dudo mucho que el gobierno de Bush, exaltado por el patriotismo ambiente y el éxito de la campaña contra los talibanes, vuelva su atención a los problemas sociales internos. Con gran talento político, el líder demócrata del Senado, Tom Daschle, ha separado la temática antiterrorista de la agenda económico-social. Ya veremos qué dice el elector común y corriente este mismo noviembre (legislativas) y en noviembre de 2004 (presidenciales). Bin Laden es el mejor amigo de la extrema derecha norteamericana. La surte de argumentos que, como un búmerang, se vuelven contra el propio Bin Laden y su locura fundamentalista.

Deseo que la embriaguez del éxito no lleve a los Estados Unidos a brincar de un Afganistán que está lejos de haberse liberado de sí mismo, de su anarquía y caudillismo fraccionadores, a la guerra contra Irak y Saddam Hussein, extendiendo el área de conflicto a todo el orbe islámico, fortaleciendo a los corruptos regímenes que se escudan en la fe de Mahoma, y descuidando el nuevo y peligroso frente de la guerra entre la India y Pakistán.

Deseo que en el Medio Oriente prive la razón, se superen los liderazgos vetustos y peligrosos de Sharon y Arafat y se creen, lado a lado, con territorio propio, instituciones propias y respeto mutuo, un Estado Palestino y un Estado de Israel. Si una situación requiere tropas internacionales de la ONU separando a enemigos que se han vuelto locos, es esta.

Deseo que Europa, sin ilusiones ya respecto a cuál es y seguirá siendo la potencia única en el mundo globalizado, haga uso de su cultura política para humanizar a la globalización, dándole su rostro social sin despreciar sus beneficios económicos, insistiendo en el déficit político del fenómeno globalizador, devolviéndole al Estado su función, ya no propietaria, sino reguladora, y admitiendo, como lo acaba de hacer el rey Juan Carlos I en su extraordinario discurso de Navidad, en el respeto y el reconocimiento debidos al gran protagonista del siglo XX, el trabajador migratorio. ¿Cómo es posible que en un mundo que se dice globalizado, las cosas circulen libremente pero los seres humanos no?

Para mi América Latina, deseo que las formas democráticas tan duramente conquistadas se llenen de contenidos socioeconómicos y culturales en un área geográfica donde la mitad de la población vive en la miseria y pierde confianza en los gobiernos electos. Deseo para ese queridísimo país, la Argentina, donde me hice hombre, que el fabuloso capital humano, social y cultural de la nación acabe por dar forma a una vida democrática que refleje, se sustente en y anime esos valores indudables de un país riquísimo gobernado por políticos paupérrimos. No es riqueza lo que le falta a la Argentina, sino administración eficaz de la riqueza y una renovación a fondo de la clase política, hoy más atenta a sus intereses partidistas que al bien de la nación. Todos contra todos, enanos contra enanos y un país en ruinas. La agonía argentina se proyecta larga y dolorosa. Ojalá no sea inútil y ese gran país, con la tercera economía de Latinoamérica, sepa emplear sus inmensos recursos humanos para reanimar el mercado interno, hacer la obra de reestructuración nacional indispensable y acelerar el acceso a la economía tecno-industrial, dado que la riqueza agropecuaria no basta. (Pequeño paréntesis: ¿Por qué renunciaste, Chacho Álvarez? Hoy serías presidente y tu vigor, tu inteligencia, tu honradez propiciarían unidad y confianza. En la alta política, los berrinches no sirven de nada. Eso, déjenoslo a los intelectuales, a los niños consentidos y a los amantes despechados.)

En el otro "extremo de América" (Cosío Villegas *dixit*) mi propio país, la tierra de mis fidelidades y amores más profundos, México, debe transitar de la *transición* democrática a la *institucionalidad* democrática. Del monopolio del poder por el Ejecutivo hemos pasado a la verdadera división de poderes. Para ser fuerte, el Ejecutivo tiene que negociar con un Legislativo que es hoy más fuerte que nunca, pero que acabará siendo débil (con perjuicio para todos) si no se admite la reelección de diputados y senadores. Hemos visto —y no enumero ni agoto, sólo ejemplifico— la capacidad legislativa de Beatriz Paredes, Felipe Calderón, Martí Batres, Diego Fernández de Cevallos, Luis Pazos, Oscar Levín. Sólo tendremos un Legislativo competente y serio en México si políticos como estos pueden reelegirse una y otra vez, profesionalizando lo que hoy es aún sólo escuela de párvulos. Pero más que nada, el poder Judicial debe fortalecerse para hacer frente, como instancia última de justicia, a los flagelos de la inseguridad en México, desde el asalto callejero hasta el narcotráfico. La luna de miel se acabó. El PRI ya no está en el poder, sino en la oposición. Vicente Fox, despojado de las glorias de San Jorge el vencedor de dragones, tiene que sentarse a gobernar en serio, establecer prioridades claras, depurar su gabinete, trabajar con menos y mejor gente y hacerle frente al "doble descontón" mexicano. Afectado por la recesión norteamericana, expulsado de la pantalla de radar de Washington por el 11 de septiembre, afectado en todos sus rubros de ingresos —turismo, migración, petróleo, exportaciones— por ambos factores, México debe voltearse (como también debe hacerlo la Argentina) a su capital humano y su mercado interno.

Cada uno tiene derecho a escoger más de un hogar y Chile es mi segunda patria. Haber crecido en Chile durante los años del Frente Popular me inculcó contra la barbarie pinochetista: eso no podía durar, Chile tenía que recuperar su herencia democrática. Ricardo Lagos, hombre y estadista superior, cuenta ventajosamente con la economía más sana de Latinoamérica, el fantasma del tirano se desvanece y la misión de Chile como guía en medio de la crisis latinoamericana se acentúa: Colombia en la tragedia, Venezuela en la tragicomedia, Perú en el punto y coma del intermedio... Y Chile capturado entre la crisis de Argentina, que es la crisis del MERCOSUR y la posibilidad de ingresar al NAFTA/TLC con una carga de responsabilidad social de la que carece aún el acuerdo México-Canadá-USA. Una luz de esperanza en el panorama de la desilusión latinoamericana.

Otro gran jefe de Estado, Fernando Henrique Cardoso, deja pronto el gobierno de Brasil y, por lúcidos y desinteresados, vale la pena citar algunos de los conceptos que, en su magnífico discurso ante la Asamblea Nacional Francesa, nos lega FHC a todos los latinoamericanos. No hay tal choque de civilizaciones. Ni el barbarismo ni el humanismo son monopolio de ninguna civilización, contra lo que piensa el *condotiero* encaramado en la nuca de Italia, Berlusconi. Hay que combatir al terrorismo con vigor, pero con idéntico vigor hay que ir contra la causa profunda de los conflictos: la inestabilidad, la desigualdad, la miseria. La cooperación internacional requiere fondos de lucha contra la pobreza, el hambre y la enfermedad. La solidaridad en Latinoamérica exige la acción del Estado. La posibilidad real de cambio pasa por la mediación del Estado. El mundo requiere un nuevo contrato internacional entre Estados al servicio de los pueblos, en vez de la predominancia de algunos Estados y algunos mercados. La crisis que vivimos propicia la revisión de paradigmas. Debemos reflexionar sobre las maneras de globalizar la solidaridad.

¿Buenos deseos? Sí, esperanzas, llamados a la acción, pero siempre con la advertencia del Eclesiastés presente: "Florecerá el almendro y el grillo será una carga y el deseo fracasará, porque es largo el camino del hombre hasta llegar a casa."

2002: MAYO 22
CARTER, CUBA, CASTRO

Después de cuatro décadas de futilidad, hay que reconocer que la política de los gobiernos de los Estados Unidos hacia Cuba ha fracasado. Con las honorables excepciones de Jimmy Carter y Bill Clinton, siete presidentes norteamericanos han perseverado en el error. Ni el embargo, ni la invasión de Bahía de Cochinos, ni la Ley Helms-Burton, ni el frenesí de Mas Canosa y sus huestes de Miami, han logrado derribar al gobierno de Fidel Castro. Todo lo contrario. Lo han reforzado, dándole la bandera que el Jefe Máximo de Cuba requiere: él representa a la Revolución, la Patria (y la Muerte), la Nación y el Anti-Imperialismo. Sin estas togas, Castro quedaría desnudo. No tendría pretextos para invocar, en nombre de la defensa contra Washington, medidas autoritarias reforzadas por cada ataque norteamericano. El proceso de renovación democrática se iniciaría en Cuba. Los Estados Unidos se empeñan en impedirlo.

Fidel Castro no ha tenido, pues, aliado más seguro que el gobierno norteamericano. Sin el pretexto antigringo, el presidente cubano no podría resistir la natural evolución de la isla hacia todo lo que la isla requiere. Diversificación económica, no dependencia sofocante del monocultivo: sol, sexo y azúcar. Empresas medianas, emprendedoras, nacionales, no una planificación burocrática de la era estalinista y, como ésta, corrupta e improductiva. Una correlación normal entre el campo y las ciudades, no una doctrinaria división que empobrece a ambos en nombre de dogmas petrificados. La circulación normal de ideas, propuestas, una cultura crítica, un periodismo que informe, no las versiones tropicales de la *Pravda* soviética que pasan por "periodismo" en Cuba. La liberación de opositores al régimen. El respeto a la opinión plebiscitaria consagrado en la Constitución.

Pero nada de esto ocurrirá mientras los Estados Unidos mantengan su política de agresión y aislamiento hacia Cuba. ¿Cómo es posible que los Estados Unidos condenen arrogantemente al régimen "totalitario" cubano y mantengan espléndidas relaciones con el régimen "supertotalitario" chino? ¿Por qué pueden ser amigos del Vietnam comunista, que le cobró cuarenta mil muertos a los Estados Unidos, y enemigos de la Cuba comunista que no ha matado a un solo militar yanqui?

Todos conocemos la respuesta. China y Vietnam están lejos. Cuba está cerca. China y Vietnam son vistas como naciones independientes, aunque Lyndon B. Johnson y sus asesores jamás hayan entendido que Vietnam no era satélite de China, sino milenario opositor al Imperio de En Medio. Cuba es vista como una hija desobediente que se salió de casa y se fue de puta. China y Vietnam tienen *lobbys* exitosos en los Estados Unidos, favorables a un incremento comercial entre Estados Unidos y esas naciones asiáticas. El *lobby* cubano en Washington pretende exactamente lo contrario: perpetuar y, de ser posible, vigorizar, la política norteamericana contra Cuba.

La visita del expresidente Jimmy Carter a La Habana cobra especial importancia no sólo por todas estas razones. Además, ejemplifica una serie de actitudes cambiantes hacia Cuba dentro de los propios Estados Unidos. Cuarenta legisladores —veinte demócratas, veinte republicanos— han constituido un foro para exigir la normalización de las relaciones con Cuba —inversión, libre movimiento de personas, cese de leyes punitivas— como la mejor manera de despojar a Castro de sus poderes totalitarios y vigorizar el

movimiento social interno de Cuba. Los inversionistas norteamericanos ven con irritación que los espacios económicos
del post-castrismo son ocupados por los países de la Unión
Europea, dejando en la nevera a las empresas norteamericanas que, a sólo noventa millas de Cuba, podrían prosperar
en el futuro próximo. En el Senado de los Estados Unidos,
Christopher Dodd, demócrata de Connecticut, ha deletreado
hasta la saciedad estas razones.

Nada de esto entra en la obtusa cabeza del obtuso presidente de los Estados Unidos. George W. Bush actúa a partir de intereses electorales inmediatos. En Florida, el estado
al cual Bush debe su dudosa "elección", ahora se trata de
reelegir al orgullo de su nepotismo, el hermano Jeb Bush,
como gobernador de la entidad. Pero las encuestas más recientes revelan que el 75% de los cubanos de la Florida
quisieran una normalización de las relaciones con Cuba. Veremos si este "pragmatismo" funciona o si es una más de las
perversas tácticas de un presidente que proclama una cosa
—libre comercio, por ejemplo— pero practica otra —el proteccionismo a ultranza.

Carente de ideas propias, Bush se deja influir por su entorno con gran facilidad. En materia de relaciones con Cuba,
no puede pasar por alto el celo dogmático del subsecretario
de Estado para Latinoamérica, Otto Reich, más conocido
como "El Tercer Reich". No puede negarle oído al siniestro
fantasma resucitado de la condena judicial del Irán-Contra,
Eliot Abrams, el periforme promotor del ingreso de México
y Costa Rica a la guerra contra Nicaragua y al cual el digno
representante de Costa Rica ante la OEA, Guido Fernández,
le contestó con una sonora patada en el amplio trasero. Y
ha sacado de las sombras al afamado "Príncipe Negro" del
belicismo reaganista, Richard Perle.

Con consejeros así, malos días le esperan a Latinoamérica durante la presidencia de Bush junior. Tiempo habrá,

sin embargo, para comentar las razones por las que, a mi juicio, George W. Bush puede perder tanto las elecciones legislativas de este mismo noviembre como las presidenciales dentro de dos años. Mientras tanto, ¿se dan ustedes cuenta de que Jimmy Carter, considerado "el mejor expresidente de los Estados Unidos", puede volver a ocupar la Casa Blanca, toda vez que sólo cumplió un mandato y no fue reelecto? Los siguientes comicios presidenciales norteamericanos van a ser muy movidos y más le vale a México y a la América Latina tener siempre buenas relaciones con la potencia mundial, pero mantener una discreta distancia. Socios sí, achichincles no.

Añado una nota mexicana. A los mexicanos nos ha costado mucho conquistar la democracia electoral, la diversidad partidista, la libertad de opinión e información, la defensa de los derechos humanos. No nos puede complacer la falta en Cuba de estas virtudes. Debemos criticar su ausencia en Cuba para defenderlas mejor en México. Pero debemos señalarles a nuestros socios norteamericanos el profundo error de su fracasada política cubana.

2002: JULIO 16
TRIBUNAL PENAL INTERNACIONAL

Mi primera experiencia diplomática tuvo lugar en el ya muy lejano 1950, cuando fungí en Ginebra como secretario del miembro mexicano de la Comisión de Derecho Internacional de la ONU, el embajador Roberto Córdova, un estelar diplomático de carrera en un servicio exterior mexicano que entonces tenía, como la MGM, "más estrellas que el cielo".

Juicio en Nuremberg. Estos hechos resuenan hoy en mi memoria porque el tema principal que ocupó a Córdova y a la Comisión de Derecho Internacional en 1950 fue el de la legitimidad de los procesos entablados por las potencias victoriosas en la Segunda Guerra Mundial contra la vencida Alemania nazi. La disputa era clara. ¿Tenía derecho a juzgar hechos del pasado un tribunal *ex post facto*, es decir, creado con posterioridad a los crímenes juzgados? ¿No violaba Nuremberg el principio cardinal del derecho criminal desde épocas de Roma, *nullum crimen nulla pœna sinæ previa lege penale* —es decir, ningún crimen y ninguna pena sin ley que los preceda—? O por el contrario, ¿el hecho de que los crímenes juzgados —atrocidades, masacres y ejecuciones sin mediar proceso— ya eran delitos antes de la Segunda Guerra Mundial le daba plena legitimidad al Tribunal de Nuremberg? Y en todo caso, ¿no eran de tal modo repugnantes los crímenes del régimen nazi que justificaban un tribunal *ad hoc* para juzgar tanto al régimen hitleriano como a los individuos que en su nombre cometieron los delitos?

El principal promotor de Nuremberg y de la legislación contra crímenes de guerra fue, en 1945, Estados Unidos de América. Las reticencias soviéticas eran explicables y su tajante demanda (cortar sin excepción todas las cabezas del régimen nazi, incluyendo a los que escaparon a la horca, Hess, Farben, Von Papen, Schacht) una forma extrema de arrojar el velo sobre los crímenes estalinistas. En tanto que Inglaterra, con flema absoluta, no permitió turbar su conciencia con las hazañas de "Bomber" Harris, el destructor de Dresden y promotor de la victoria aliada desde el aire, con pérdidas superiores para Inglaterra que para Alemania.

En cambio, los Estados Unidos llegaron a Nuremberg —y posteriormente a la Comisión de Derecho Internacional— como los abanderados de la jurisdicción penal internacional como parte integral de un orden global fundado en derecho. Los Estados Unidos surgían de la Segunda Guerra con una luminosa buena conciencia que ni siquiera Hiroshima opacaba. La Segunda Guerra Mundial había sido "la buena guerra", la guerra moral, y se había ganado gracias a la decidida participación de los Estados Unidos contra el Eje —este sí, del Mal— Roma-Berlín-Tokio. Los Estados Unidos emergieron de la victoria como los principales promotores de la organización internacional, baluarte indispensable contra la repetición de los atroces hechos de los años 1939-1945.

"La disputa más peligrosa". La Guerra Fría entibió este entusiasmo internacionalista norteamericano, dándole un giro defensivo. En el sordo combate contra el comunismo y su ciudadela, el Kremlin, Washington necesitaba aliados. Aliados convencidos (Europa occidental, ubicada en las fronteras del poder soviético) o a la fuerza: la América Latina alineada por las buenas o por las malas con la política antisoviética de Washington. La foto de familia de la cumbre

presidencial de Panamá en 1955 es elocuente. Eisenhower, general él mismo, está rodeado de bravos defensores de la democracia como los generales Batista, Trujillo, Somoza, Castillo Armas y una larga lista de la que se salvan sólo tres civiles: el mexicano Adolfo Ruiz Cortines, el brasileño Juscelino Kubistschek y el peruano Manuel Prado.

Ronald Reagan llamó a la URSS "el imperio del mal". Bueno o malo, era un imperio con pies de arcilla que cayó estrepitosamente, con el muro de Berlín, en 1989. El presidente George Bush padre declaró entonces que se abría la era del "nuevo orden internacional", entendiendo por tal un orden multilateral, con varios centros de poder (sobre todo Estados Unidos, Europa y Japón, locomotoras económicas del nuevo orden) y la supremacía del derecho internacional.

No ha sido así. La desaparición del adversario equiparable, la URSS, ha dejado a los Estados Unidos como única superpotencia. La clara conciencia de los límites del poder imperial (barreras jurídicas y aliados confiables y respetados) distinguió a la presidencia de un verdadero estadista, Bill Clinton. Hoy, toda noción de límite a la voluntad unilateral de la Casa Blanca ha desaparecido. Y nada lo demuestra mejor que el ataque frontal del gobierno norteamericano contra el Tribunal Penal Internacional que acaba de ser consagrado por la inmensa mayoría de la comunidad global abriendo, en palabras de Quentin Peel en el *Financial Times* de Londres, "la disputa más peligrosa y divisiva entre Europa y los Estados Unidos después del 11 de septiembre".

Los principios del Tribunal. El Tribunal Penal Internacional nace de las terribles experiencias del siglo XX: violaciones masivas de derechos humanos, el Holocausto nazi, el Gulag estalinista, las dictaduras salvajes de la América Latina, África y Asia, el *apartheid* en África del Sur, My Lai y las atrocidades norteamericanas en Vietnam, y, más recientemente, los crímenes contra la humanidad en Ruanda y la antigua Yugoslavia (para no hablar de Chechenia).

La comunidad de naciones ha venido respondiendo a estos crímenes desde los juicios de Nuremberg, siempre a partir de un principio: los procesos penales son, en primera instancia, privativos del derecho interno de cada nación. Sólo cuando estos crímenes afectan a nacionales de terceros países (el asesinato del funcionario español de la CEPAL, Carmelo Santiago, por la dictadura pinochetista en Chile) o se cometen fuera del territorio del autor del crimen (el asesinato del socialista chileno Orlando Letelier en las calles de Washington por agentes pinochetistas) procede la acción desde una jurisdicción externa contra un acusado externo, como la ha venido haciendo desde España el juez Baltasar Garzón.

El Tribunal Penal Internacional se ajusta en todo a estos principios e incluso, a instancias de los propios Estados Unidos, su Estatuto deja bien claro que la acción del Tribunal no afecta ni la jurisdicción interna norteamericana, ni la salvaguarda del personal militar estadounidense.

Trato de resumir los principios que regirán al Tribunal:

* El TPI sólo atenderá "atrocidades amplias y sistemáticas".

* En primera instancia, los crímenes serán investigados y juzgados por las autoridades nacionales.

* El TPI sólo actuará si los tribunales nacionales no pueden o no quieren.

* Los jueces y abogados del TPI serán seleccionados a base de su competencia e imparcialidad. Dado que todo juicio político puede ocultar *vendetta* o ser velo para incompetencias internas de una nación determinada, los países signatarios tienen la facultad de remover a un juez o procurador parciales.

USA contra el mundo. De este modo, el Tribunal ofrece las máximas garantías, dentro de un marco de derecho, a los Estados Unidos de América, la única superpotencia en un mundo que dista mucho del imaginado por Bush padre al terminar la Guerra Fría. El trauma del 11 de septiembre ha dado un giro nuevo a las relaciones internacionales. Profundamente heridos, los Estados Unidos reclaman y reciben apoyo internacional en su lucha contra el terrorismo. Europa acude en auxilio de los Estados Unidos en Afganistán. Pero cuando Europa pide a Estados Unidos que apoye una instancia jurídica mundial que puede ser arma efectiva contra el terror, los Estados Unidos se niegan a participar en un Tribunal que, pudiendo cumplir ese servicio, le niega a los Estados Unidos un mandato supralegal, no sujeto a normatividad alguna.

Este es el peligro, este es el dolor, este es el asombro. A pesar de todas las salvaguardas ya mencionadas, el gobierno de Bush junior dice: No. Y lo dice para afirmar que los Estados Unidos no están sujetos a ley o jurisdicción superior a los propios Estados Unidos. Paradoja de paradojas: en la era de la globalización, cuando se celebra o lamenta, según el caso, la muerte de las soberanías nacionales, la máxima potencia mundial afirma su propia soberanía a un grado sin precedente, por lo menos, desde la era del Imperio Romano. Sin poderes limitantes o equilibrios potenciales, los Estados Unidos le dicen al mundo: Mi soberanía es inviolable. La tuya no. O sea, en el mundo hay una regla para los USA y otra para los demás.

El secretario de Defensa norteamericano, Donald Rumsfeld, lo ha dicho con todas sus letras. Se trata de "defender a nuestro pueblo, defender nuestros intereses, defender nuestro modo de vida". ¿Contra Al Qaeda? ¿Contra el terrorismo? ¿Contra el crimen, la subversión, los invasores de Marte, los mutantes plantados como repollos en la suburbia norteamericana, incluso contra los terroristas locales como Timothy McVeigh y los crímenes de Oklahoma?

No. Donde Rumsfeld ve el máximo peligro para el pueblo norteamericano… es en el Tribunal Penal Internacional. ¿Serán entonces enemigos de los Estados Unidos los setenta y cuatro Estados que han firmado su adhesión al Tribunal? ¿Es el mundo entero el enemigo de los Estados Unidos? Por lo visto, lo es para el ala derecha del gobierno de Washington. La batalla en contra del Tribunal tiene poco que ver con los méritos (abundantes) o los peligros (inexistentes) del mismo. Tiene que ver con la lucha interna por el poder en la administración Bush y significa el triunfo de la facción más reaccionaria del gobierno (el vicepresidente Cheney, el secretario Rumsfeld, el procurador Ashcroft) contra ese islote de racionalidad internacionalista que representa, hoy más claramente que nunca, el secretario de Estado Colin Powell. Léase el virulento rechazo derechista al Tribunal como un rechazo, también, a Powell, cuyos días, en opinión general de la diplomacia europea, están contados.

Los norteamericanos pueden irse del Tribunal. Pero nosotros no. Estas firmes palabras de Javier Solana, encargado de la seguridad y de la política externa de la Unión Europea, deben ser guía no sólo para los europeos, sino para todos nosotros. En beneficio propio y de los Estados Unidos, a todos nos conviene recordarle a Washington que mientras más imperial sea su política, más vulnerable será. Que si no cuenta con la comunidad internacional, comenzando por sus propios aliados, Estados Unidos construirá su poder sobre el vacío. Que nada le conviene más a Estados Unidos, después del 11 de septiembre, que fortalecer el imperio del derecho.

Bush el tratadicida. No hay que hacerse ilusiones al respecto. El intento de sabotear el Tribunal Penal Internacional es sólo la última en una ya larga serie de decisiones atentatorias contra el "nuevo orden internacional" de Bush padre que Bush hijo ha mandado decapitar. Todos conocen la lista. Contra el Protocolo de Kyoto y a favor de la emisión nociva de gases. Contra el Protocolo sobre Armas Biológicas. Contra el Tratado de Prohibición de Experimentos Nucleares. Contra el Tratado de Minas Antipersonales. En pro de la explotación petrolera en zonas ecológicas de Alaska. Y a favor de las medidas proteccionistas del acero y los subsidios gigantescos a la agricultura.

Los latinoamericanos nos quejamos de la escasa atención que la Administración Bush le presta a nuestros países. Por el contrario, debíamos felicitarnos de ello. En estos momentos, estar fuera de la pantalla de radar de Washington es casi un certificado de salud.

Pero mi memoria regresa a Ginebra, a la Comisión de Derecho Internacional, a la inmediata posguerra y a la imagen de los Estados Unidos de América como promotores activos del derecho y la organización internacionales —incluyendo el derecho penal—. El atroz crimen del 11 de septiembre tiene más víctimas que los inocentes asesinados entonces por una intolerancia ciega y destructiva. Los Estados Unidos se han victimado a sí mismos dándole la espalda a la mejor defensa contra el terror, que es el derecho. Y Al Qaeda nos ha victimado a todos, aplazando la construcción de un orden jurídico global, única avenida contra el terror, pero también contra hechos tan explosivos como el terror: la ignorancia, el hambre, la enfermedad, la pobreza de tres mil millones de seres humanos en el planeta.

2002: AGOSTO 7
¿IRÁN A IRAK?

Saddam Hussein es un odioso tirano. Controla Irak con mano de hierro, no tolera disidencia ni actividad democrática. Ha asesinado personalmente a muchos opositores. Ha usado gases venenosos contra la minoría kurda. Y ha combatido con saña a sus vecinos: ocho años de guerra contra Irán (tolerada y apoyada por los Estados Unidos cuando el Irán de los ayatolas motejó a Washington como "El Gran Satán") y una incursión en Kuwait que le costó la derrota militar en la Guerra del Golfo.

Saddam Hussein es tan odioso como Victoriano Huerta y como Osama Bin Laden, aunque menos —mucho menos— que Juan Domingo Perón. Si saco estos nombres a relucir, es para ilustrar la extraordinaria capacidad de la política exterior norteamericana para crear monstruos que luego no puede controlar.

En uno de los libros capitales sobre el arte de la diplomacia y las relaciones internacionales en el siglo XX, *Present at the Creation*, Dean Acheson, el brillante secretario de Estado del presidente Truman, evoca ejemplos claros de intervenciones norteamericanas contraproducentes. Empieza con México. La Administración Taft, a través de su embajador, Henry Lane Wilson, propició el asesinato del presidente Francisco I. Madero y el golpe de Estado del general Victoriano Huerta. Cuando el siguiente jefe de Estado, Woodrow Wilson, descubrió el sanguinario perfil de Huerta, envió al cuerpo de infantería de la Marina a invadir Veracruz. El resultado no fue el que Wilson buscaba: derrumbar a Huerta.

Al contrario. Avivó el sentimiento de defensa nacional en México, fortaleció a Huerta y le permitió al tirano incrementar la leva de tropa dizque "para combatir a los gringos" pero, en realidad, para combatir a Villa y Zapata.

El otro caso de intervencionismo contraproducente que evoca Acheson se refiere a la campaña del embajador de los Estados Unidos en Argentina, Spruille Braden, en contra del candidato Juan Domingo Perón en las elecciones de 1947. Búmerang clásico. Los argentinos redujeron la campaña a "Braden o Perón" y el general ganó abrumadoramente.

Los Estados Unidos no deben "salir al mundo buscando monstruos para destruir", advirtió el presidente John Quincy Adams en 1821. Premonición de la saga maniquea del capitán Ajab a la caza del monstruo blanco, la ballena Moby Dick, las palabras de Adams deberían complementarse con otras válidas para el momento actual: Estados Unidos no debería salir al mundo a fabricar monstruos que al poco tiempo se voltean contra su creador. Los ejemplos recientes son alarmantes. Osama Bin Laden es una criatura de los Estados Unidos y su función era asediar la presencia soviética en Afganistán. Como la familia Bin Laden posee poderosos intereses económicos en los Estados Unidos, todo quedaba en casa. Pero aun en las mejores familias puede haber un hijo desobediente, un loco incontrolable que resultó ser el otrora niño mimado de Washington, Osama Bin Laden. Pero claro, como dijo Tolstoi, sólo las familias infelices son interesantes...

El caso de Saddam Hussein es más complicado. Saddam no debe su poder a los Estados Unidos, sino a su propia capacidad de conspirar violentamente, derrocando al gobierno del partido Baaz en 1958. Pero a partir de 1980, se vuelve el favorito del gobierno y de la empresa norteamericana. Asegura el flujo petrolero y sirve puntualmente a la ofensiva de Washington contra el Irán de los ayatolas. Ronald Reagan decide armar secretamente a Saddam en 1982. Como la ley le prohíbe hacerlo directamente, emplea las vías indirectas de Egipto, Jordania y Kuwait para mantener bien abastecido de armas al tirano de Irak. La señora Thatcher no se queda atrás: envía tanques, misiles y artillería a Saddam. Económicamente, la ayuda no falta. El Foro de Negocios Irak-Estados Unidos, íntimamente ligado a la firma Kissinger Associates, se desvive por proporcionarle alimentos, equipo tecnológico y helicópteros al dictador irakí.

Y no sólo la ayuda militar es inequívoca. Lo es también el apoyo diplomático. Fiel servidor de los norteamericanos contra Irán, Saddam, en 1996, se siente autorizado para ampliar su dominio sobre Kuwait, anexando al emirato y acusándolo de haberse robado dos mil millones y medio de dólares en petróleo irakí. Nuevamente, para emprender su aventura militar, Saddam contó con el apoyo, tácito y explícito, del gobierno de los Estados Unidos. La embajadora de Bush padre en Bagdad, April Glaspie, se entrevistó con Saddam una semana antes de la invasión de Kuwait, asegurándole que los Estados Unidos no intervendrían en una "disputa intra-árabe". "No opinamos sobre conflictos intra-árabes, como la disputa sobre Kuwait", le dijo textualmente la embajadora al dictador.

¿No tenía derecho Saddam Hussein de sentirse autorizado para la invasión? ¿No sucedió algo similar cuando la embajadora Jeanne Kirkpatrick le dio a entender a los sátrapas militares argentinos que contaban con la luz verde de Washington para invadir las Malvinas?

Huerta, Saddam, Osama: qué duda cabe que se trata de tiranos sanguinarios o terroristas criminales. La calificación moral no está en duda. Lo que está en duda es la racionalidad diplomática de los Estados Unidos, los cables cruzados entre los factores de poder norteamericanos —políticos, militares, económicos— y, en consecuencia, la *confiabilidad* en los actos diplomáticos de Washington, la naturaleza errática de sus decisiones y el natural temor a la ceguera de una nación que se sabe la única gran potencia mundial —hecho que no ocurre desde que Roma dominó el Mediterráneo.

No es, pues, el amor a Saddam lo que mueve a Chirac y a Schroeder a exigir que cualquier acción contra Irak pase primero por el Consejo de Seguridad de la ONU, y a Schroeder, en plena y difícil campaña electoral, a declarar: "Sólo puedo advertir en contra de discutir hoy una guerra contra Irak sin reflexionar sobre las consecuencias políticas y sin tener claro un concepto político para todo el Medio Oriente."

No es el amor a Saddam sino el temor a consecuencias poco o mal meditadas lo que mueve a reflexionar a Turquía, aliado principal de los Estados Unidos en la región, pero amenazado por olas de refugiados irakíes y por la rebelión independentista de la minoría kurda —temores nada aliviados por el subsecretario de Defensa norteamericano, Wolfowitz, cuando propone un Estado kurdo "federado" a Turquía que Turquía, con razón, prevé como Estado independiente.

No es el amor a Saddam lo que obliga al príncipe Saud al Faisal de Arabia Saudita a declarar: "El problema de Irak no puede ser resuelto militarmente y la intervención en asuntos irakíes daña a los países de la región."

Claro que los daña. Por encima de las enemistades políticas, priva en el mundo musulmán la filiación religiosa. La invasión norteamericana de Irak puede desencadenar movimientos revolucionarios en Jordania, los Emiratos, Arabia Saudita y Egipto. Sería un gran pretexto —la religión— para obtener un resultado político —el derrumbe de los regímenes autoritarios islámicos del Medio Oriente—. ¿Y por qué desean estos mismos, deplorables regímenes, que Saddam permanezca en el poder?

Por la sencilla razón de que mientras Irak sea un Estado paria, no producirá más petróleo y los precios del crudo se mantendrán a alturas convenientes. En cambio, una victoria rápida contra Saddam significaría la caída del precio del petróleo y una razón más para el anárquico derrumbe de los regímenes autocráticos, sin ingresos para mantenerse en el poder.

Y aun suponiendo que los Estados Unidos obtengan una rápida victoria sobre Saddam, ¿han pensado seriamente en quién gobernará a Irak, quién pacificará a Irak, quién asegurará la integridad de Irak? Ya hay quienes hablan de una situación post-bélica comparable a la que le fue impuesta a Japón al concluir la Segunda Guerra Mundial: la construcción de un nuevo Estado democrático gracias a la permanencia indefinida de las fuerzas militares de los Estados Unidos. ¿Lo toleraría el pueblo irakí, por más que odie a Saddam? ¿Lo toleraría la opinión pública norteamericana? ¿Lo toleraría el propio gobierno de Bush, electo sobre una plataforma, si ustedes bien recuerdan, opuesta a "construir naciones"?

Tales son los peligros múltiples que encara la posible invasión norteamericana de Irak. Por fortuna, no faltan voces serenas ni en Europa ni en los propios Estados Unidos, donde dos senadores apegados a la ley y a la diplomacia como defensa mejor de su patria —me refiero a Joseph Biden y a John Kerry, demócratas— salvan el verdadero honor de los Estados Unidos, que es el de ser una democracia fundada en la ley. Biden, en particular, ha exigido que cualquier acción contra Irak sea aprobada primero por el Senado.

A estas voces racionales les corresponde agotar las vías de la negociación, aceptar la propuesta irakí de enviar inspectores de armamentos a Bagdad y poner a prueba la veracidad de Saddam Hussein. El déspota irakí es indeseable. Pero también lo es la arrogancia y prepotencia unilateralista de George Bush. Ojalá que la comunidad internacional encuentre maneras de someter a la Casa Blanca a políticas multilaterales razonables, y a la voluntad del pueblo irakí la expulsión de Saddam Hussein.

Ninguna de las dos proposiciones parece, por el momento, viable. En vísperas de la Segunda Guerra Mundial, el escritor francés Jean Giraudoux estrenó una obra irónicamente premonitoria titulada *La guerra de Troya no tendrá lugar*. Me temo mucho que la guerra de Bagdad sí tendrá lugar, con funestas consecuencias para el mundo y con una deplorable razón real para ser: elegir congresistas republicanos y fortalecer internamente a George Bush en las legislativas de noviembre del 2002.

2002: SEPTIEMBRE 6
LOS ESTADOS UNIDOS, SU PROPIO ENEMIGO

El 11 de septiembre de 2001 es, como el 7 de diciembre de 1941, "un día que vivirá en la infamia". Pero si las palabras del presidente Franklin D. Roosevelt fueron un llamado para unirse a la guerra contra un verdadero "Eje del Mal" (Roma-Berlín-Tokio), la campaña del presidente George W. Bush contra su propio "Eje del Mal" (Pyongyang-Teherán-Bagdad) es selectiva (¿no existen otros Estados "malignos" en el mundo?), es maniquea (el que no está con nosotros está contra nosotros, sin matices que valgan) y es gaseosa (el terrorismo comúnmente no encarna en Estados nacionales, no tiene rostro, ni bandera, ni ejército identificable y a veces es la obra de un individuo solitario, como Timothy McVeigh en Oklahoma).

O sea que algo anda terriblemente mal en esta nueva definición del "Eje del Mal". Es difusa, inexacta y se presta a interpretaciones caprichosas. Pierde de vista el hecho de que el terrorismo no es, en primer lugar, una experiencia privativa de los Estados Unidos a partir del 11 de septiembre. Irlanda y España han vivido con ella durante años, así como Alemania (la banda Baaider-Meinhof) e Italia (las Brigadas Rojas). Por lo demás, el terrorismo de Estado, allí donde lo ha habido en América Latina, ha sido debidamente apoyado por los Estados Unidos, de Guatemala y El Salvador a Chile y Argentina.

Se corre el peligro, así, de trivializar el término mismo de "terrorismo". Pero también el de convertirlo en pretexto conveniente aunque siempre mutante para acciones unilaterales desatadas por los Estados Unidos donde y como les plazca. Si a Washington le disgusta un país o un gobernante, lo acusa de terrorismo y listo. La palabra puede banalizarse hasta perder todo sentido y convertirse en el comodín del juego de póquer internacional. Que es lo que los terroristas más fervientemente desean: ser disfrazados por sus propios enemigos.

Todo esto conlleva varios peligros. El primero es que instituciones creadas para dar curso legal a los problemas internacionales son anuladas por la voluntad unilateral de los Estados Unidos. Condoleeza Rice, la Lady Macbeth del gabinete de Bush, lo dice con todas sus letras. La política exterior de los Estados Unidos se funda en los intereses nacionales de los Estados Unidos. El derecho internacional es apenas una utopía dispensable.

He evocado aquí mismo el ejemplo más llamativo de esta actitud: el rechazo norteamericano de la Corte Penal Internacional. Casada con su supremacía global, la Casa Blanca reniega de un cuerpo internacional que podría ser arma efectiva contra el terrorismo que los Estados Unidos denuncian con tanto fervor. Córtate la nariz, dice un dicho gringo, para insultar a tu cara.

El segundo peligro es que en nombre del combate contra el terrorismo, los Estados Unidos hagan caso omiso de los derechos civiles dentro de su propio territorio. Esto es lo que más desearía el Fouché (para seguir con las comparaciones históricas) encargado de la Procuraduría de Justicia, John Ashcroft. Tribunales militares secretos, abolición de jurados, sospechosos detenidos sin *habeas corpus* o abogados de defensa. Eliminación del derecho de apelación y, por último, la creación de un cuerpo de delatores, la llamada operación TIPS (o Delación) mediante la cual habría veinticinco informantes por cada cien ciudadanos (más que con la STASI en la Alemania comunista).

Las propuestas del procurador Ashcroft son escandalosas, ilegales, inmorales y contraproducentes. No hay mejor defensa contra el Terror que el Estado de Derecho y el ejercicio de las libertades públicas. ¿Por qué no se concentra Ashcroft, más bien, en mejorar el funcionamiento de las agencias establecidas, el FBI y la CIA, que tan lamentablemente fracasaron en su cometido antes del 11 de septiembre?

Y el tercer peligro es que el unilateralismo norteamericano —pretexto: el terrorismo; razón: la supremacía global— antagonice a amigos y aliados, privando a la Administración en Washington de diálogo, ideas alternativas y el sentimiento de alianza que ningún perrito faldero puede otorgar.

Pero el cuarto y acaso más grave peligro es que el cambio de prioridades después del 11 de septiembre mande a la cola de la lista aquellos temas que sirven de caldo de cultivo al terrorismo, a saber, la pobreza, la injusticia, la discriminación, el aislamiento cultural y religioso.

El medio ambiente, los derechos de las minorías, la renovación urbana, la cooperación económica, el clamor universal por la educación, pasan todos a segundo o tercer término.

En tales condiciones, ¿puede una nación independiente ser amiga de los Estados Unidos si los Estados Unidos no hacen caso a ninguna opinión que no sea la suya? ¿Es consciente el gobierno de Bush de que el desprecio que manifiesta hacia el derecho y las organizaciones internacionales, así como hacia la diplomacia y los gobiernos que disienten o critican, puede conducirlo —lo está conduciendo— al peligro extremo de un aislamiento que convierte a los Estados Unidos en el blanco más fácil y tentador para los mismos terroristas que Bush dice combatir?

¿Es la presidencia de Bush tan ciegamente provinciana pero tan globalmente perversa que es capaz de poner sus intereses electorales a corto plazo por encima de la racionalidad global a largo plazo?

¿Asistimos a una siniestra mascarada en la que el vicepresidente Dick Cheney acapara las ocho columnas con llamados belicosos extremos a fin de esfumar los probables cargos e investigaciones sobre su gestión al frente de la empresa petrolera Halliburton, otra más de las compañías bajo sospecha después de los casos Enron y Worldcom?

¿Asistimos a un teatro trágico de atridas texanos en el que la dinastía Bush se enfrenta a sí misma, con Bush hijo y sus soldaditos de porcelana y buró —Cheney, Ashcroft, Rumsfeld, Perle— que jamás han enfrentado la metralla, opuesto a los consejos del Patriarca Bush padre y sus consejeros curtidos en campos de batalla reales, no de papel —los generales Powell y Schwarzkopf— o conscientes de las consecuencias de una acción militar sin respaldos diplomáticos o bases legales —Baker, Scowcroft?

No se necesita ser un Von Clausewitz para calcular los efectos de una acción irresponsable contra el detestable Saddam Hussein, mantenido y armado en el poder durante años por los Estados Unidos. Se agudizará el conflicto India-Pakistán, con efectos incalculables sobre el país vecino de ambos, Afganistán y su irresuelta estabilidad interna. Se incendiará aún más la fogata de la contienda Israel-Palestina. Los regímenes autoritarios de la media luna oriental, de Damasco a El Cairo pasando por los Emiratos, Arabia Saudita y Jordania, se cuartearán bajo la triple presión de oponerse a Washington, ceder ante sus mayorías islámicas o ser barridos por esas mismas mayorías, creando un vacío estratégico en la región petrolera más rica del mundo. Irán —estúpidamente incluido por Bush en el "Eje del Mal"— verá frenada su evolución moderada y reforzado el poder religioso de los mulahs.

La política de Bush y compañeros ha creado la mayor división entre Washington y sus amigos desde que existe la Alianza Atlántica. El unilateralismo que tanto enorgullece a Lady Condoleeza es una grave ofensa para países mayores

—Canadá, Francia, Alemania, Gran Bretaña, España, Italia, Japón— reducidos al papel de comparsas: "Con nosotros o contra nosotros." El Atlántico, ha escrito con certeza Hermann Tertsch, se ensancha.

¿Tiene Saddam Hussein las terribles armas que, sin prueba hasta ahora, le atribuye el gobierno de Bush? No tendrá el tirano irakí mejor ocasión de develar este secreto que en el caso de ser invadido. Si no tiene las armas, los Estados Unidos carecen de argumentos, sacrificando vidas y aliados. Si las tiene, ¿cuándo si no ahora, con terribles consecuencias, pensará en emplearlas?

A Saddam Hussein no le interesa suicidarse, ha escrito el historiador Arthur Schlesinger. Pero puede "suicidar" al mundo en respuesta a una invasión norteamericana que Schlesinger considera inmoral e inoportuna. Saddam va a morir un día. ¿Cuál es la urgencia en despacharlo ahora mismo? ¿Será tan estúpido el dictador irakí en emplear armas mortíferas para provocar la masiva respuesta estadounidense? ¿O sólo las emplearía —de tenerlas— en caso de invasión de su país?

La guerra preventiva es ilegítima e inmoral, dice Schlesinger. La empleó Japón en Pearl Harbor contra los Estados Unidos. La desechó el presidente Kennedy durante la crisis de los misiles cubanos, optando por la negociación disuasiva. El rechazo de la guerra preventiva mantuvo la paz durante el medio siglo de la Guerra Fría.

En estos difíciles momentos, yo reitero mi confianza en la profunda tradición democrática de los Estados Unidos y mi fe en que las muchas voces que favorecen la legalidad y la razón como las mejores defensas de la seguridad prevalecerán. Escucho y pienso en estadistas como Bill Clinton, Joseph Biden, Ted Kennedy, George Mitchell, Richard Lugar, John Kerry, Tom Daschle, Christopher Dodd y Patrick Leahy. Su patriotismo está fuera de duda. Pero también lo está su adhesión a la racionalidad política y al derecho internacional, en contraste con la arrogancia unilateral que aísla a los Estados Unidos y los deja desamparados y vulnerables ante sus enemigos terroristas.

2002: SEPTIEMBRE 27
EL PODER, EL NOMBRE Y LA PALABRA

"¿Qué hay en un nombre?" se pregunta Shakespeare en *Romeo y Julieta*. George Orwell le contesta en *1984:* Exactamente lo opuesto de lo que creemos. La guerra es la paz. La libertad es la esclavitud. La ignorancia es la fuerza.

Desde la Antigüedad, el nombre ha sido el escudo de la personalidad y para subrayarlo, el nombre propio suele acompañarse de un calificativo: Ulises es El Prudente y su mujer, Penélope, comparte el adjetivo. Monarcas diversos son inseparables del calificativo, Pipino es El Breve, Felipe El Hermoso, Carlos El Calvo o El Bienamado (Francia), El Temerario (Borgoña), El Malo (Navarra), o El Rengo (Sicilia). En la América Latina independiente, los nombres del nombre pueden ser heroicos (Bolívar, Libertador; Juárez, Benemérito), peyorativos (Leonardo Márquez, Tigre de Tacubaya, y Manuel Lozada, Tigre de Álica), definitorios (Francia, El Supremo del Paraguay) o ridículos (Santa Anna, Su Alteza Serenísima; Trujillo, Benefactor y Padre de la Patria Nueva).

Los dictadores totalitarios del siglo XX se otorgan títulos heroicos (*Führer, Duce*), o modestos (primer secretario del Partido). Lo que los distingue no es tanto el nombre sino la palabra, de suerte que viene a cuento otra cita shakesperiana, la de Hamlet: "Palabras, palabras, palabras." Allí, en el territorio de la palabra (la *parole* de Roman Jakobson, la superficie del habla, su secuencia lineal, irreversible, sincrónica) es donde el lenguaje de la ciudad (el lenguaje político) se revela o se esconde, como Ulises de regreso en Ítaca.

Déspotas grandes y pequeños. Hay por ejemplo (supremo ejemplo) una diferencia radical entre los lenguajes de los dos déspotas más sanguinarios del siglo XX, Hitler y Stalin. Hitler jamás oculta con palabras su intención política. No sólo la revela. La subraya y convierte a la palabra en acción. "El judaísmo es la plaga del mundo", dice desde 1924, culminando con la orden para la solución final, el Holocausto, en 1941: "Hay que destruir a todos los judíos sin excepción. Si no logramos exterminar la base biológica del judaísmo, los judíos un día destruirán al pueblo alemán."

Stalin, en cambio, se pertrecha detrás de una filosofía social humanista, el marxismo, y jamás, en lo esencial, renuncia a ella, salvo para adobarla con salsa leninista. Si el comunismo es el proletariado en el poder (la victoria final de los condenados de la tierra), el partido —afirma Stalin— es "la forma más alta del proletariado".

Lo que ningún dictador puede abandonar, sin embargo, es el culto debido a su personalidad. En nombre del poder de Stalin, van al cadalso todos los viejos bolcheviques de la etapa heroica, algunos declarándose traidores a Stalin. Alguno, incluso, llegando a decir: "Si Stalin declara que yo soy un traidor, lo creeré y me declararé culpable" (Mijail Kolstov). Este criminal paranoico, José Stalin, capaz de decir: "Una muerte es una tragedia. Un millón de muertes es una estadística. La muerte resuelve todos los problemas", era capaz también de suscitar entusiasmos cercanos al éxtasis, como lo demuestran estas palabras del escritor Kornei Chukovsky tras de contemplar al Padrecito de los Pueblos en un congreso del año 1936: "Sucedió algo extraordinario... Miré a mi alrededor... Todos los rostros irradiaban amor y ternura... Para todos, simplemente poder ver a Stalin nos hacía felices, reverentes."

Hitler no se quedaba atrás en la necesidad de adulación. "Hitler es grande y nos trasciende a todos", declaró

Goebbels en 1932. Y Hess se hizo eco: "El Partido es Hitler. Hitler es Alemania. Alemania es Hitler." El Führer, siempre más brutal y directo que sus paniaguados, podía proclamar la verdad de la mentira con un cinismo ejemplar: "La masa cree más en la gran mentira que en la pequeña."

Los dictadores de la Guerra Fría en América Latina (Pinochet, Videla), teniendo poderes menores a los de Hitler o Stalin, suplieron con la intensidad de la sevicia su propia pequeñez. Asesinatos, torturas, desapariciones: la lista de los crímenes de las dictaduras chilena y argentina son interminables. Pero aquí aparece un nuevo factor, temible en sí mismo y en sus consecuencias. De Castillo Armas en Guatemala o Galtieri en Argentina, los sátrapas latinoamericanos eran piezas fungibles de un plan superior a ellos y éste era la política estratégica de los Estados Unidos durante la Guerra Fría. Fue ese respaldo norteamericano el que autorizó la caída de los gobiernos democráticos de Arbenz en Guatemala y de Allende en Chile, amén de la fantochada cruel que hizo creer a los militares argentinos que el gobierno de Reagan les apoyaría en la guerra de las Malvinas.

Dentro de los propios Estados Unidos, la amenaza más grande a las libertades la representó el senador por Wisconsin, Joseph McCarthy. Incontenible, el repugnante demagogo destruyó a sangre fría reputaciones, carreras, individuos, familias. Su ideología era el anticomunismo. Su práctica, la delación. McCarthy convirtió la delación en destino. Delatar a los demás era la prueba límite del patriotismo. Acusar al delator, una forma de traición a los Estados Unidos.

La reacción democrática contra McCarthy no sólo acabó con la perniciosa carrera del cazabrujas. Preparó una respuesta política "liberal" (como llaman los norteamericanos a la izquierda) que culminó con el movimiento pro derechos civiles, contra la discriminación racial y contra la guerra en Vietnam.

El modelo único del único poder. Saco a cuentas estos antecedentes para externar una grave preocupación de que, sepultadas por sus propios excesos multitudinarios y sus crímenes atroces las dictaduras totalitarias del pasado siglo, no estemos entrando a una forma mucho más insidiosa y moderna del autoritarismo (pues el lobo de Hobbes difícilmente perece). Por primera vez desde el Imperio Romano, una sola potencia domina al mundo. Los Estados Unidos poseen una tradición democrática arraigada en la cual yo siempre he colocado mis apuestas finales respecto a una nación que admiro y quiero por la calidad de su gente y de su cultura. Pero también poseen una tradición imperial que se ha ejercido sin cortapisas en la América Latina, "el patio trasero".

Hoy, después del 11 de septiembre del 2001, la América Latina ni siquiera es patio trasero. Es sótano de los olvidos. En cambio, la ausencia de un poder compensador extiende la fuerza de los Estados Unidos al globo entero, como lo comprueba el documento transmitido por el presidente George W. Bush al Congreso el 21 de septiembre pasado. No se trata ahora de exaltar a un individuo, un führer, un duce, sino a una nación entera. Hitler y Stalin cometieron el error, parte de la cultura autoritaria más antigua, de exigir homenajes personales superiores a los que merecían sus propias naciones: exaltar el nombre. El círculo en el poder en Washington es infinitamente más hábil. Se escuda en la Nación y le da a ésta un valor ecuménico total y excluyente. "Los Estados Unidos son el único modelo superviviente del progreso humano", ha declarado Bush Jr. Y su consejera de seguridad, Condoleeza Rice, enuncia el corolario de semejante arrogancia: Los Estados Unidos "deben partir del suelo firme de sus intereses nacionales" y olvidarse de "los intereses de una comunidad internacional ilusoria".

Más claro ni el agua. Los Estados Unidos se consideran modelo único del mundo y se proponen imponerlo sin consideración alguna hacia el resto de la humanidad —todos nosotros, latinoamericanos, europeos, asiáticos, africanos—, que apenas somos "una comunidad internacional ilusoria".

Pero hay más: el chocolate es espeso. Así como Hitler procedía en nombre del *Volk* alemán y Stalin en nombre del Proletariado, Bush dice actuar en nombre del Pueblo de los Estados Unidos, "único modelo superviviente del progreso humano". Semejante declaración nos coloca de nuevo ante "la gran mentira" que Hitler tan astutamente invocó. ¿Y cuál es la "gran mentira" del régimen de Bush? En términos históricos y culturales, el simple hecho de que Brasil o Francia, la India o Japón, Marruecos o Nigeria no representen otros tantos modelos válidos de progreso humano, con tradiciones diferentes, con modalidades y objetivos tan dignos de respeto como los que conforman el modelo norteamericano. Lo terrible de una declaración como la de Bush es que, subliminal y luego pragmáticamente, prepara la extinción de todo modelo de progreso que no sea el norteamericano. Con el debido respeto, con la consideración debida a la civilidad democrática norteamericana: así pensaron de sus respectivos modelos Hitler y Stalin.

El poder detrás del poder. Y hay aún más. El actual gobierno de los Estados Unidos es sólo la fachada política de intereses económicos sumamente claros. He venido insistiendo en estas páginas y desde el periodo que condujo a la confusa elección de noviembre del año 2000, que la camarilla Bush-Cheney representa claramente intereses económicos ligados a la industria petrolera. Documenté en su momento este aserto. Hoy, lo veo con alarma. Arabia Saudita, primer productor mundial de petróleo, da cuenta, con una reserva de 262 mil millones de barriles, de la producción mundial de oro negro. En segundo lugar se encuentra Irak con una reserva de 130 mil millones. Y en quinto lugar Irán con 90 mil millones. Basta sumar para entender que, adueñado de los recursos energéticos de Irak, los Estados Unidos se convierten, ellos mismos, en la primera potencia petrolera del mundo, reduciendo a Rusia, a toda Europa y a Japón al nivel de Estados clientes, petrocolonias, de los Estados Unidos.

Esta es la trastienda real detrás de la inquietante mezcla de arrogancia, protectorado y exaltación de valores humanos que uno encuentra en el mensaje de Bush al Congreso. Éste, así como la opinión pública norteamericana, pueden convertirse, por factores patrióticos o electorales, en avales de la nueva forma de autocracia colectiva, impersonal e insidiosa que se está gestando en la única Superpotencia.

"No hay guerras interminables —escribe con valentía Susan Sontag—, pero hay declaraciones de la extensión del poder por un Estado que no se cree cuestionable." Las palabras de la gran escritora liberal nos remiten de vuelta al tema de las libertades públicas dentro de los Estados Unidos, peligrosamente vulneradas por los propósitos de delación, encarcelamiento sin juicio ni defensa y privación secreta de la libertad personal, anunciados por la administración bushista. Es en este punto donde creo que el pueblo norteamericano, engañado, como dijo Lincoln, a veces pero no siempre y a algunos pero no a todos, puede y debe reaccionar a fin de devolverle a los nombres y a las palabras su sentido recto. ¿Lo hará?

Hemos entrado a una nueva época en que un gobierno imperial y sus cabezas ya no merecen calificativos históricos ni liderazgos míticos. ¿El Duce Bush, Cheney El Enmascarado, Ashcroft El Carcelero, Lady Condoleeza del Potomac, Rumsfeld El Llanero Solitario y Powell, Tonto? No hace falta. Sobra. Estos personajes ejercen un poder de perfiles mutables, mutantes y hasta mostrencos. Se les puede sustituir sin tocarse el corazón. Hitler o Stalin eran inamovibles. Bush y Cheney no lo son. Esta es la esperanza. Que la camarilla apoderada de la Casa Blanca sea expulsada de ella en noviembre del 2004. Para entonces, sin embargo, habrán hecho todo el daño que puede hacer un poder sin límite exterior aunque sí —es la gran diferencia con los poderes imperiales del pasado— con serios valladares democráticos internos. Externamente, no hay quien se le pare enfrente a los gobiernos de los Estados Unidos. Internamente el elector, mediatizadas como lo están las elecciones por el factor dinero; los medios de información, amedrentados como pueden llegar a estarlo por el factor patriótico; el Congreso y el Poder Judicial, en la medida en que reclamen sus fueros. Todos ellos convierten a los Estados Unidos en la única superpotencia del mundo globalizado —pero también en el primer imperio global con potenciales controles internos.

¿Cómo llamar a un poder tan extenso, tan intenso y tan contradictorio? ¿Qué nombre darles a sus cuasi-anónimos dirigentes? ¿Qué destino otorgarle a la nación americana? ¿Expansión o Explosión? ¿Mística o Crítica?

¿Qué hay en un nombre? Sí, ¿qué hay en un nombre, qué hay en una palabra? "Mi nombre caía bien", decía Pilar, la hermana de Franco, para explicar candorosamente sus pequeños privilegios. Pero la rosa sería perfumada aunque cambiase de nombre, dijo Shakespeare. Y una rosa es una rosa es una rosa, confirmó Gertrude Stein. Y después de todo, "aquí no suceden cosas de mayor importancia que las rosas", escribió Carlos Pellicer.

Cuanto llevo escrito me acerca a una certeza. No vivimos en el mejor de los mundos posibles. Pero si hemos de vivir, sin otra consideración que la de la existencia, en el mundo, habremos de mantener la creatividad verbal que nunca encierra a un nombre o una palabra en una cárcel autoritaria, sino que le da al habla el carácter libre, "inacabado e infinito", al que se refiere Emilio Lledó para acercarse al *Quijote*.

Miembros de la comunidad hispanoparlante, regresemos, ante los peligros del mundo actual, a nuestro libro más grande para encontrar allí, escrito en medio de la Contra Reforma, el aire de libertad nominativa que pone en jaque todos los dogmas y certezas absolutas. Incierto el lugar de La Mancha. Incierto el nombre del protagonista y su dama. Incierta la autoría misma del libro. Pero cierta la libertad de poner en duda las certezas autoritarias y levantar en cambio un mundo de entornos modificables por la libertad de decir y nombrar.

Sí, hay un choque de civilizaciones. Pero no las que oponen a Islam y Occidente, al Norte y al Sur, a los Estados Unidos "único modelo superviviente del progreso humano" y a todos los demás —nosotros—. Es el choque entre el poder autoritario, ignorante, excluyente, de la fuerza bruta, y el poder democrático, sabio, incluyente, de la creación humana. ¿Sabremos resistir, sabremos escoger? La guerra no es la paz. La libertad no es la esclavitud. La ignorancia no es la fuerza.

2002: OCTUBRE 5
RESPUESTA A UNA RESPUESTA

El señor agregado de prensa de la embajada de los Estados Unidos en México comete un error de lógica en su lectura de mi artículo "El poder, el nombre y la palabra" (*Reforma*, 27 de septiembre de 2002). No comparo a Bush con Hitler y Stalin para igualarlos, sino para diferenciarlos. Los dictadores nazi y soviético se enfrentaban a otros Estados poderosos. El actual presidente de los Estados Unidos gobierna a un país sin contrapoder externo, cosa que no ocurre desde el apogeo del Imperio Romano. Felipe II se enfrentó a la Inglaterra de Isabel I, Luis XIV a Inglaterra y Holanda, Bonaparte a toda una coalición europea, Hitler a los Aliados, Stalin a los Estados Unidos. Ahora, Bush se enfrenta a un pequeño déspota del Oriente Medio, Saddam Hussein, creado y armado (igual que Osama Bin Laden) por la ceguera imperial de pasados gobiernos norteamericanos, sobre todo el de Bush padre.

¿Que la criada les salió respondona? No es razón para lanzar al mundo entero a una guerra de consecuencias imprevisibles y acaso catastróficas para los propios Estados Unidos. Demasiados factores militan contra la decisión de Bush de entrar en guerra contra Irak. Se aplaza y desvanece la inconclusa guerra en Afganistán y contra el terrorismo en general. No se comprueban alianzas entre Saddam y Al Qaeda. Se pone en jaque a todos los gobiernos establecidos del arco islámico entre el Mediterráneo oriental y el Golfo Pérsico. Se selecciona a un solo déspota entre cien. Se le exige a Irak cumplir resoluciones de la ONU pero no a Israel, Estado delictivo en este (y otros) puntos. Se aplaza la solución del conflicto Palestina-Israel. Y se arrumba, sobre todo, la verdad central enunciada por un gran estadista y gran presidente, Bill Clinton: no se resuelve el problema del terrorismo si no se resuelve la manera de gobernar a un mundo interdependiente: "No podemos tener un sistema de comercio mundial sin una política económica global, una política global de salud pública, una política global de educación, una política global del medio ambiente y una política de seguridad global." Verdad reiterada por Fernando Henrique Cardoso ante la Asamblea Nacional Francesa: combatamos con vigor al terrorismo, pero con idéntico vigor las causas profundas de los conflictos: la inestabilidad y la desigualdad entre Estados y dentro de ellos.

No soy el único en criticar una política determinada por factores de venganza personal ("Saddam quiso matar a mi papi") o estrategias económicas (Bush presidente de un petrogobierno: Cheney, Rumsfeld), guiado por una ideología imperial (Condoleeza) y sujeta a una paranoia persecutoria (Ashcroft). Todo ello ha contribuido a disipar el inmenso capital solidario ganado por los Estados Unidos el 11 de septiembre. Hoy, la mayoría de la humanidad ve más peligro en Bush que en Saddam, pues Bush es el único jefe de Estado capaz de obligar a Saddam a usar sus hipotéticas armas como respuesta si es atacado.

Por fortuna, como lo subrayo en todos mis artículos, los Estados Unidos son una democracia interna en la que voces como las de Clinton, Kennedy, Gore, Albright, Carter, Biden, Lugar y muchos otros, políticos, intelectuales, escritores, periodistas, representan un valladar a la prepotencia imperial de Bush cuando afirma: "Los Estados Unidos son el único modelo superviviente del progreso humano." ¿Suscribe estas palabras el señor agregado de prensa de la embajada en México? ¿Se da cuenta del peligro que entraña el desdén de Condoleeza Rice hacia la "ilusoria" comunidad internacional? ¿Se da cuenta de que no sólo "aún viven y perdieron a sus seres queridos" las víctimas de Hitler y Stalin, sino las de la interminable lista de sátrapas genocidas apoyados y armados por los Estados Unidos de América Central al Cono Sur? Sí, hablemos de sangre, hablemos de muerte pero no olvidemos a los cientos de miles asesinados o desaparecidos en Guatemala y El Salvador, en Chile y Argentina, no sólo a ciencia y paciencia, sino con la activa aprobación de los Estados Unidos.

Lo que critico en mi artículo es el uso y abuso de la palabra al servicio del poder, distinguiendo claramente a la democracia norteamericana de los totalitarismos nazi y soviético. Pero ni Hitler ni Stalin tuvieron el poder militar que tiene Bush. Al lado de Bush, Hitler y Stalin eran apenas "soldados de levita". Este es el peligro para todos: el mal uso de ese inmenso poder por un presidente de dudosa legitimidad electoral y reducidas facultades intelectuales, rodeado de un círculo de petropoder ecocida y desdeñoso del derecho internacional.

Las voces que se levantan para defender la vida del planeta (Kyoto), del derecho (Corte Penal Internacional), así como de las diversidades culturales y de los proyectos plurales de la humanidad, no son voces antinorteamericanas. Sólo advierten contra el abuso del poder por el actual inquilino de la Casa Blanca y su camarilla, haciendo votos porque el cúmulo de errores y prepotencias, el desprecio manifiesto hacia otras naciones y otras culturas, el desdén a la comunidad internacional y sus instituciones y la dilapidación, por motivos ideológicos y de clase, de la floreciente economía y el superávit de ocho años de gobierno del Partido Demócrata, amén de los escándalos financieros pasados y por venir, acaben por expulsar a Bush y Compañía de la Casa Blanca.

No, Bush no es ni Hitler ni Stalin. Pero tiene más poder que ellos. Este es el peligro.

2003: ENERO 27
¿QUÉ TAL?

¿Qué tal si el gobierno de Ronald Reagan no arma a Saddam Hussein para fortalecer a Irak en contra de los ayatolas iraníes, percibidos en ese momento como los enemigos mortales de los Estados Unidos en la región? ¿Qué tal si el gobierno de George Bush padre no arma a Osama Bin Laden y al Talibán para luchar en Afganistán contra la presencia del enemigo soviético? ¿Qué tal si los sucesivos gobiernos de los Estados Unidos le dan un ultimátum al gobierno de Israel para que devuelva los territorios ocupados, cese la política de instalaciones en territorios palestinos y obedezca las resoluciones 194 y 242 del Consejo de Seguridad de la ONU? ¿Qué tal si los Estados Unidos defienden desde el primer momento el derecho del pueblo palestino a contar con un Estado propio? ¿Qué tal si un Estado palestino normal, con fronteras seguras y autoridades debidamente elegidas, se convierte en la mejor garantía de paz y seguridad para el Estado de Israel? ¿Qué tal si las agencias de seguridad norteamericanas —FBI y CIA— hacen caso de la información y las advertencias oportunas de sus propios funcionarios menores para evitar la tragedia del 11 de septiembre? ¿Qué tal si los Estados Unidos no desvían la atención mundial de la lucha contra el terrorismo, sacrificando la universal simpatía provocada por el brutal ataque del 11 de septiembre, para centrarla en los preparativos de guerra contra Irak? ¿Qué tal si no existe prueba alguna de conexión entre Al Qaeda y Bagdad? ¿Qué tal si el verdadero refugio de Al Qaeda está en Pakistán, intocable gracias a su oportunista alianza con Washington? ¿Qué tal si no se encuentra prueba en Irak de otras armas que las originalmente otorgadas por los gobiernos de Estados Unidos a Saddam Hussein y de las cuales Donald Rumsfeld lleva puntual cuenta? ¿Qué tal si los Estados Unidos se impacientan con los planes impuestos por la inspección de armas en Irak e inician la guerra contra Saddam, con o sin una resolución del Consejo de Seguridad de la ONU? ¿Qué tal si el Consejo de Seguridad avala el ataque contra Irak y renuncia a toda autoridad futura frente a la hegemonía unipolar de los Estados Unidos? ¿Qué tal si la opinión pública occidental, opuesta en mayorías de hasta el 80% a la aventura irakí de Bush, se voltea contra sus propios gobiernos por seguir dócilmente la política bélica de Washington? ¿Qué tal si el "choque de civilizaciones" popularizado por Huntington se desplaza de la oposición Occidente-Islam a la oposición Occidente Europeo-Occidente Norteamericano? ¿Qué tal si las armas de los Estados Unidos desatan la guerra total contra Irak y derrotan desde el aire a Saddam? Pero, ¿qué tal si la resistencia irakí obliga a los norteamericanos a luchar en las calles de Bagdad, casa por casa, con bajas crecientes entre los soldados de los Estados Unidos? ¿Qué tal si la opinión pública de los Estados Unidos, como sucedió en el caso de Vietnam, le retira su confianza al presidente Bush si Irak se convierte en un nuevo marasmo militar? ¿Qué tal si nadie puede gobernar a un Irak dividido caóticamente entre chiítas, suníes y kurdos? ¿Qué tal si el pueblo irakí no tolera una ocupación *sine die* y un proconsulado comparable al que ejerció el general MacArthur en el Japón vencido? ¿Cómo respondería Turquía, país aliado de la OTAN, al súbito desencadenamiento del problema kurdo en sus fronteras con Irak? ¿Cómo responderían los gobiernos de la periferia islámica, desde Argelia hasta Egipto y desde Siria hasta Arabia Saudita, a la implantación de la ocupación militar en Mesopotamia? ¿Y cómo responderían las poblaciones islámicas de la misma región a la percibida subyugación de un país de la fe musulmana a los Estados Unidos? ¿Qué tal si las potencias nucleares menores, desde la India hasta Corea del Norte, aprovechan la distracción norteamericana en Irak para implementar sus propios arsenales? ¿Qué tal si los Estados Unidos no son capaces de librar más de una guerra —contra Irak— sin poder responder al insigne miembro del "Eje del Mal", el sátrapa norcoreano Kim Jong Il? ¿Qué tal si Afganistán, desamparado y a medio cocinar, se sigue deteriorando? ¿Qué tal si la guerra norteamericana contra varias naciones —el famoso "Eje" Bagdad-Teherán-Pyong-yang— le abre un frente mundial desprotegido al terrorismo que actúa sin bandera y sin frontera? ¿Qué tal si Rusia y China se sienten amenazadas en sus intereses nacionales por un cerco norteamericano? ¿Qué tal si el mundo entero acaba por percibir la acción de Bush en Irak como una petroguerra diseñada para acaparar hasta el 75% de las reservas de oro negro del mundo? ¿Qué tal si la propia ciudadanía de los Estados Unidos termina por identificar a la actual administración norteamericana como un simple "petropoder" más interesado en proteger los intereses económicos de las compañías representadas, *de facto*, por Bush y Cheney? ¿Qué tal si el gobierno de Bush no puede equilibrar los gastos de defensa crecientes, la recaudación fiscal decreciente, el despilfarro de los superávit fiscal y presupuestal dejados por Clinton? ¿Qué tal si dentro de dos años Bush pierde la elección dejando tras de sí "campos de soledad, mustio collado"? ¿Qué tal si el Partido Demócrata se arma de coraje político y moral para desafiar la arrogancia catastrófica del gobierno de Bush y proponer una recomposición moral y estratégica de los Estados Unidos fundada en el ejercicio prudente del poder, la capacidad de diálogo con aliados y adversarios y la sujeción a las normas del derecho internacional público? ¿Qué tal si Saddam Hussein tiene armas de destrucción masiva y no las usa a menos que sea atacado, sabiendo que si las usa será, masivamente, atacado? ¿Qué tal si estamos en el umbral de la Tercera —y última— Guerra Mundial? ¿Y qué tal si la razón psicológica del Apocalipsis es la vanidad de un niño rico que nunca peleó en una guerra y entró a la Universidad de Yale con grados ínfimos e influencias máximas, diciéndole a su progenitor: "Mira, papi, yo sí fui capaz de hacer lo que tú no tuviste el valor de hacer"? ¿Qué tal si el primer imperio hegemónico unipolar desde Roma tampoco escucha, como Roma no escuchó, la voz de la sabiduría del *otro*, el griego de siempre: "La *hubris*, el orgullo desmedido, la insolencia lasciva, pierde a los hombres y a las naciones"? ¿Qué tal, de verdad, si la situación está "escrita en griego"?

2003: FEBRERO 20
PANDORA NUCLEAR

Hace pocas semanas, *Los Angeles Times* publicó un escalofriante informe con datos recabados por el experto analista de asuntos militares, William Arkin. La información reunida por el gran diario angelino puede resumirse en pocas y terribles palabras: el gobierno de George W. Bush contempla seriamente el uso del arma nuclear en una guerra de carácter "preventivo" como la que se prepara contra Irak.

Arkin y el *Times* basan su informe en la decisión de concentrar la política nuclear en la Comandancia Estratégica de los Estados Unidos (STRATACOM) en Omaha, bajo la supervisión directa del secretario de Defensa, Donald Rumsfeld. Hasta ahora, STRATACOM se limitaba a consideraciones estratégicas sobre el combate nuclear. Desde ahora, su función abarca también las consideraciones políticas. Antes, privaba saber el *cómo*. El *porqué* permanecía en el área de la decisión política. Desde ahora, ambas consideraciones se funden y obedecen a un mando unificado —el presidente y el secretario de Defensa— que excluye cualquier discusión abierta u opinión adversa a utilizar el arma nuclear a fin de eliminar armas de destrucción masiva. O sea: el uso o amenaza del uso de armas biológicas o químicas contra los Estados Unidos autorizaría ahora la respuesta con armas nucleares.

Además de la cortina de hierro, durante la Guerra Fría se erigió una cortina de seguridad entre los Estados Unidos y la URSS que eliminaba las políticas de ataque preventivo que provocarían la mutua destrucción de los contendientes. Llamada con aptitud MAD (*Mutual Assured Destruction*), esta política evitó la locura nuclear durante cincuenta años. Ya no.

La revisión estratégica llevada a cabo por Bush y Rumsfeld borra toda diferencia entre el uso de fuerzas convencionales y el uso de fuerzas nucleares y establece ambas bajo una sola estructura de mando. La misma revisión contempla el ataque nuclear contra un país que posea armas de destrucción masiva, aun cuando ese país carezca de armas nucleares. Según la información recabada por *Los Angeles Times*, la revisión en vigor establece siete prioridades para esta estrategia: el "Eje del Mal" (Irán-Irak-Corea del Norte), Siria, Libia, China y Rusia.

Si la nueva política militar norteamericana consiste en autorizar el ataque preventivo nuclear contra naciones consideradas no sólo enemigas sino diabólicas (la fuerza física requiere de la bendición moral), la consecuencia es clara y peligrosa: toda nación con armas nucleares se sentirá autorizada a emplearlas, a su vez, contra el enemigo propio. Israel, Pakistán, India, Rusia, China y, con cínica alegría, Corea del Norte, cuyo inefable déspota, Kim Jong Il, le ha pintado la raya (y el violín) supremos a Bush. Norcorea admite tener armas nucleares y de destrucción masiva y no sólo desafía a que los Estados Unidos la desarme. Amenaza con emplearlas contra los Estados Unidos. Saddam Hussein nunca ha hecho algo semejante y, comparativamente, sería —y lo es— un mal menor o incluso inexistente en el tablero estratégico mundial. La osadía norcoreana nos obliga a recordar que Irak es ya una nación vencida, devastada y empobrecida desde la Guerra del Golfo, cuyo armamento de destrucción masiva o bien no existe o, si existe, jamás sería empleado en un ataque preventivo que sólo aseguraría la destrucción de Irak.

Más mala que una mentada en ayunas, Corea del Norte le dice a Washington: No le busques mangas al chaleco irakí, que yo traigo traje completo *Made in Pyongyang*. La lógica dictaría desviar la atención de la debilidad irakí al poderío norcoreano. Pobre Corea del Norte: tiene armas pero no petróleo. Y la próxima guerra de Troya es por el petropoder y tendrá lugar. No importarán las magníficas demostraciones masivas de rechazo a la aventura irakí, que tanto honor le devuelven a las ciudadanías europeas y aun a la norteamericana (que acabará jugando, pasado mañana, el mismo papel que en los años de Vietnam). Pero esta semana en que los norteamericanos celebran a dos grandes expresidentes, George Washington y Abraham Lincoln, valdría parafrasear a este último: Se puede engañar a todo el pueblo parte del tiempo, y a parte del pueblo todo el tiempo, pero no se puede engañar a todo el pueblo todo el tiempo.

Alguien que no se ha dejado engañar es el senador demócrata por Massachusetts, Edward M. Kennedy. La capacidad destructiva de las armas nucleares es tal, que es imprescindible mantenerlas separadas de las armas convencionales. Durante medio siglo se impuso la diferenciación entre conflictos nucleares y convencionales. Sacar al "genio" nuclear de su botella es un acto de consecuencias incalculables. Kennedy califica de *reckless* (temeraria, irreflexiva) la Revista de la Postura Nuclear dada a conocer por Bush. El uso del arma nuclear contra Irak significaría, escribe Kennedy, el desplome de las relaciones de los Estados Unidos con el resto del mundo, una tormenta antinorteamericana en el mundo árabe y una ola de simpatía hacia lo mismo que se debería estar combatiendo, el terrorismo.

Desde Hiroshima, estima Kennedy, no se ha presentado una opción comparable. Por su magnitud, debería ser llevada ante el Congreso y expuesta a la luz de la opinión pública. Pero el poder ciega, y el poder absoluto ciega absolutamente. Las voces de la razón no serán escuchadas y las luces de todo el mundo se apagarán lentamente.

2003: MARZO 1
MÉXICO EN LA ONU: PRINCIPIOS SON INTERESES

Con razón afirmaba hace días Fernando Solana que, en materia internacional, los principios de México corresponden a los intereses de México. Una visión obtusa (y oportunista) piensa lo contrario. Principios e intereses caminan por rutas opuestas. Sobre todo en nuestra relación con los Estados Unidos, los principios deben dejarse de lado a favor de los intereses que suman una larga agenda: comercio, migración, combate al crimen organizado. Si queremos una buena relación en estos rubros —continúa el alegato— debemos arrumbar los principios y atender a los intereses. De lo contrario —el subtexto es entonces el texto— sufriremos toda suerte de represalias.

Como dice Pedro Ángel Palou que dice Jack El Destripador: Vamos por partes.

Los principios de la política exterior mexicana tienen dos fuentes: la Constitución y la experiencia histórica. El artículo 89, fracción X de aquélla dicta los principios generales: autodeterminación, no intervención, solución pacífica de controversias, proscripción de la amenaza o el uso de la fuerza, igualdad jurídica de los Estados, cooperación para el desarrollo y lucha por la paz y la seguridad internacionales.

La experiencia nos demuestra que atenidos a los principios siempre hemos ganado. El espantapájaros de una represalia norteamericana a la política independiente de México se disuelve fantasmalmente si lo oponemos a nuestra trayectoria, para no ir más lejos, de los últimos cincuenta años. Nos opusimos activamente a la agresión y el intervencionismo norteamericanos en los casos de Guatemala en los años cincuenta, de Cuba y la República Dominicana en los sesenta, de El Salvador, Nicaragua, Panamá y Granada en los ochenta. Activamente, el canciller Jorge Castañeda padre construyó con el canciller francés Claude Cheysson el Acuerdo Franco-Mexicano sobre El Salvador y el canciller Bernardo Sepúlveda fue el espíritu motor de Contadora en Centroamérica. En estos dos últimos casos, nuestra postura fue más allá de un voto a favor, en contra o de abstención. Edificamos, frente a la abierta agresión e intervención del gobierno de Ronald Reagan en América Central, mecanismos de defensa y solución pacífica que a la postre arrebataron la iniciativa a Washington y la pusieron en manos de los propios centroamericanos. El premio Nóbel de la Paz a Óscar Arias da cuenta de ello. La malquerencia del secretario de Estado Schulz al canciller Sepúlveda, declarada abiertamente en las memorias del primero, va acompañada de otro sentimiento expreso: el respeto.

En todos los casos de independencia que he señalado, Washington se enojó pero no hizo nada contra México. No lo hizo porque no podía hacerlo: ¿en nombre de qué? Valga el respeto que Schulz le otorga a Sepúlveda. Pero la cosa va más allá: los Estados Unidos siempre han sabido que las represalias contra México sólo pueden provocar la desestabilización interna de México. Y si hay algo que Washington teme más que las armas hipotéticas de Saddam Hussein, es una crisis interna en su vecino del sur. Un México revuelto e inestable representa el mayor de los peligros para Washington. Representa un flanco sur indefenso.

La relación entre México y los Estados Unidos es de provecho e interés mutuos. La frontera terrestre es una de las más largas y porosas del mundo. La cruzan diariamente miles de personas. El procurador Ashcroft sabe perfectamente que el secretario mexicano de Gobernación Santiago Creel vigila acuciosamente cualquier filtración terrorista de sur a norte. Nuestros trabajadores migratorios contribuyen en grado indispensable a la agricultura, los servicios y la fiscalidad norteamericana: dan más de lo que reciben. Las insultantes insinuaciones del bisoño embajador de los Estados Unidos en México, Tony Garza, sobre represalias contra México en este tema son, además, absurdas. Garza se da un tiro en su propio pie. Nuestros trabajadores le son indispensables a los Estados Unidos. Y desde el primer día de la relación Fox-Bush, todas las partes saben que un acuerdo migratorio, dados los obstáculos legales y políticos norteamericanos, no se dará ni hoy ni mañana sino, acaso, en un futuro lejano. La dependencia, pues, es mutua, como lo son las responsabilidades.

Lo mismo puede decirse de la relación económica. El TLC ha significado un aumento espectacular del volumen de intercambios comerciales entre México y los Estados Unidos. Cualquier represalia en este orden significaría que los Estados Unidos se cortara la nariz para insultar a su cara. El TLC genera doscientos mil millones de dólares anuales de intercambio comercial. Y ya sabemos que en los Estados Unidos, la cartera domina a la política. Ni los exportadores ni los importadores (ni, para ese caso, los turistas) se sumarían a un absurdo y perecedero boicot norteamericano si el voto de México en la ONU es "No a la Guerra".

No veo, pues, un solo capítulo en el que, seriamente, los Estados Unidos puedan dañar a México en razón de nuestra postura internacional independiente. Disipemos ese fantasma, que sólo espanta a los cobardes o a los ingenuos. (Por fortuna, en México no hay traidores, dice mi buena conciencia.)

En cambio, la independencia política de México en el caso de Irak contribuiría poderosamente a crear lo que más falta le hace al mundo: un contrapeso al poder norteamericano. El verdadero peligro de nuestra época no es el miserable Saddam Hussein. Es un mundo unipolar dominado por Washington. Crear el otro polo no es sólo necesidad política. Es exigencia física. Un orbe necesita dos polos para girar normalmente. Futuros gobiernos, pero sobre todo el pueblo demócrata de los Estados Unidos, acabarán por agradecer el esfuerzo actual de Francia, Alemania, Chile, México, acaso Rusia y China, para crear un contrapoder a los Estados Unidos. Pues como dice Michael Ignatieff en la Universidad de Harvard, "la cuestión no es determinar si Estados Unidos es demasiado poderoso, se trata de precisar si es suficientemente poderoso".

La soledad imperial es, al cabo, un espejismo del poder. Ejerciéndolo solitaria y soberbiamente, los Estados Unidos van a generar lo mismo que puede destruirlos: una multiplicación de minipoderes belicosos. Lo dice con precisión el clarividente Bernardo Sepúlveda, estrella de la diplomacia mexicana: "Si Estados Unidos argumenta, para sí, la legitimidad de un ataque armado preventivo, aduciendo un riesgo potencial a su seguridad, no será absurdo imaginar la multiplicación de pretensiones equivalentes por Estados que, descansando también en su propio arbitrio, invocarán peligros reales o imaginarios para derrotar, por la vía armada y por anticipado, al supuesto enemigo."

Ojalá que el presidente Vicente Fox tenga presente esta realidad a la hora de ordenar nuestro voto en el Consejo de Seguridad: Guatemala, Cuba, Centroamérica. La amistosa negativa mexicana de obedecer a Washington acabará redundando en favor de los Estados Unidos y, sobre todo, de la seguridad internacional. Es hora de mantener los principios para defender los intereses.

2003: MARZO 31
A LA GLORIA DE FRANCIA

La ridícula francofobia promovida por los más ardientes patrioteros norteamericanos es una prueba más de que, en ocasiones, el superpoder merecería llamarse "los Estados Unidos de Amnesia".

Se puede afirmar que, en efecto, los Estados Unidos no existirían sin Francia. Acaso, sin el apoyo de la monarquía francesa, Washington y sus hombres no habrían ganado la Guerra de Independencia. Lo cierto es que la ganaron gracias a la poderosa ayuda que Francia les prestó. Desde 1776, Benjamin Franklin se presentó como embajador de la Revolución en la corte francesa (llamando la atención por la simplicidad republicana de su atuendo y por la rapidez y brillo de su inteligencia). Ese mismo año, Luis XVI autorizó el obsequio de municiones por valor de un millón de libras a los ejércitos de George Washington.

La ayuda francesa salvó a Washington durante el crudo invierno de 1777 cuando, sitiadas en Morristown y agobiadas por la deserción, las fuerzas revolucionarias, de nuevo, recibieron la ayuda salvadora de Francia.

En 1778 se firmó el Tratado de Amistad y Comercio entre Francia y la colonia rebelde de Norte América. El Tratado incluía una cláusula de nación más favorecida y obligaba a Francia a mantener la independencia de los Estados Unidos de América. Firmado el tratado en febrero, naturalmente estalló la guerra entre Inglaterra y Francia en junio.

Numerosos altos grados del ejército francés intervinieron directamente a favor de Washington y sus rebeldes.

Charles Hector d'Estaing (antepasado del futuro presidente Valéry Giscard d'Estaing) estuvo al mando de la primera flota francesa enviada a bloquear a los británicos en el puerto de Nueva York en 1778.

El marqués de Lafayette, literalmente "por sus pistolas", se unió a las fuerzas revolucionarias y fue nombrado en 1777 (como años más tarde, en Cuba, el argentino Ernesto "Che" Guevara) Comandante de la Revolución. En 1776, fue Lafayette quien convenció a Luis XVI de enviar un ejército expedicionario de seis mil hombres a combatir al lado de Washington.

El fin de la Guerra de Independencia de los Estados Unidos sería inconcebible sin la intervención decisiva de las armas francesas. En 1780, la flota francesa del almirante De Grasse embotelló al ejército inglés en Virginia, cerrándole la fuga por mar. Concurrentemente, el conde de Rochembeau y sus fuerzas francesas atraparon al comandante inglés Cornwallis en Virginia. El sitio de la armada francesa y el apoyo al ejército revolucionario de George Washington sellaron el destino de Inglaterra en las trece colonias. El general Cornwallis hubo de rendirse en octubre de 1780, consumándose, de esta manera, la Independencia de los Estados Unidos de América.

El general John Pershing, comandante de la Fuerza Expedicionaria Norteamericana en la Primera Guerra Mundial, se apresuró a inclinarse ante la tumba del héroe francés de la Revolución Americana con las palabras: —Lafayette, estamos aquí.

Pero el general Pershing tenía un sentido del honor militar y del agradecimiento nacional del cual carece por completo el colérico y sanguinario secretario de Defensa del gobierno de Bush, Donald Rumsfeld. Que haya sido Rumsfeld quien primero selló la alianza de los Estados Unidos con Saddam Hussein en 1983, proporcionándole las armas de destrucción masiva que hoy le quitan el sueño al Drácula del Pentágono, es una más de las pruebas de una doble verdad. Los Estados Unidos son el doctor Frankenstein del mundo moderno, especialistas en crear los monstruos que a la postre se vuelven contra sus creadores. Saddam en Irak, Bin Laden en Afganistán, son hijos de la obtusa, mercenaria y contradictoria política exterior de una nación que cuando lo quiere, puede ser a la vez esclarecida y pragmática. Imaginemos lo que hoy sería el mundo si Bill Clinton siguiese en la Casa Blanca o si Al Gore hubiese ganado (como la ganó en verdad, con el voto popular) la pasada elección presidencial.

Bill Clinton cumplió sus inevitables obligaciones como jefe de la superpotencia con una discreción, capacidad negociadora y convocatoria a alianzas totalmente ajenas al escándalo maniqueo ("Con nosotros o contra nosotros", "El Eje del Mal") del evangelista empistolado que le sucedió en la Casa Blanca. Clinton y Gore, de ello estoy seguro, hubiesen concentrado el esfuerzo de su nación, después del 11 de septiembre, en el combate contra el terrorismo, un enemigo que no es convencional y en consecuencia no puede ser combatido convencionalmente, en vez de desviar la fuerza y sacrificar la solidaridad mundial a la guerra contra Irak.

Bush y Compañía, por sus acciones atrabiliarias y destructoras del orden internacional, van a convertir al mundo en un semillero de terroristas. Bin Laden tiene hoy, gracias a la ceguera del actual gobierno de los Estados Unidos, un ejército de terroristas potenciales que, oh ironía, acaso ya no contarán con la represión antifundamentalista de Saddam Hussein.

Pero aún más grave, por supuesto, es la consagración por la Casa Blanca del principio del ataque preventivo. La Guerra Fría no se volvió caliente gracias a que imperaron la disuasión y la contención. Suplantados estos principios por la discrecionalidad en el uso de la fuerza, toda nación antagónica a otra puede sentirse autorizada para asestar el primer golpe. El mayor ejemplo del ataque preventivo lo dio Japón el 7 de diciembre de 1941 en Pearl Harbor. "Un día que vivirá en la infamia", dijo entonces el más grande presidente norteamericano del siglo XX, Franklin D. Roosevelt. ¿Pasará el ataque a Irak como otro "día infame"? No lo sé. Pero si no infame, sí fue, es y será, un día peligroso. A menos que la comunidad internacional una esfuerzos para crear un orden jurídico y político vigoroso para el siglo XXI, iremos dando de tumbos de crisis en crisis hacia un precipicio que sí tiene nombre: Apocalipsis Nuclear.

Es por ello que la sabia firmeza de Francia, de su presidente Jacques Chirac y de su canciller Dominique de Villepin, no sólo le hacen un favor al mundo. Se lo hacen a los propios Estados Unidos, abriendo la dañada perspectiva de un orden mundial basado en el derecho. Desmemoriado, frívolo, ignorante, el actual gobierno norteamericano no entiende estas razones. Los ultras del norte creen que ofenden a Francia —ridículamente— cambiándole de nombre a las papas fritas "a la francesa" —*french fries*— por papas libres —*freedom fries*—. Acaso dejen de beber agua de *Evian* por un rato y champaña por menos tiempo.

Pero desde la entrada a la bahía de Nueva York, la Estatua de la Libertad —obsequio de Francia a los Estados Unidos— le recuerda a los norteamericanos que si ellos creen que salvaron a Francia en dos guerras mundiales, Francia no sólo salvó, sino que ayudó decisivamente a crear, a los Estados Unidos.

2003: SEPTIEMBRE 6
DE LA OCUPACIÓN A LA RECONSTRUCCIÓN

Como era previsible, Bush ganó la guerra de Irak. Como era igualmente previsible, Bush está perdiendo la paz de Irak. La ciega voluntad bélica del presidente, un hombre de escasas luces y maniqueas certezas, azuzado por su consejo de neoconservadores (muchos de ellos trotskistas juveniles) y por el afiebrado secretario de Defensa, Donald Rumsfeld, privó sobre políticas más cautelosas propuestas por el Departamento de Estado y la propia CIA. El resultado está a la vista. La guerra de Troya, oh Giraudoux, tuvo lugar. Pero a ella ha sucedido la victoria de Pirro.

Ha caído un detestable tirano, Saddam Hussein, niño mimado de Reagan y Rumsfeld en los años ochenta. Pero la razón del ataque a Irak no era derrumbar a Hussein. Era despojarlo de sus armas de destrucción masiva. Éstas no aparecen por ningún lado. A cinco meses de la conquista de la Mesopotamia, el pretexto para la guerra se vuelve, más que pretexto, mentira. Bush y sus cohortes engañaron a la opinión mundial. Sólo que ésta no se dejó engañar y rechazó, masivamente, la aventura del petropoder Bush-Cheney en Irak. Ganada la guerra, vemos día con día cómo se pierde la paz. Bush no previó que el derrumbe de Saddam iría acompañado de la pérdida de toda semblanza de orden y legalidad. Las fallas de inteligencia han sido escandalosas (tan escandalosas como la falla para detectar e impedir el ataque del 11 de septiembre que una funcionaria secundaria de la CIA envió a la Casa Blanca en agosto de 2001. Bush estaba de vacaciones en su rancho).

Disfrazado de Snoopy, Bush proclamó desde un portaviones el 1 de mayo que la operación militar en Irak había concluido. Menos de cinco meses más tarde, uno o dos soldados norteamericanos mueren diariamente en Irak. Más militares USA han muerto en el periodo de la posguerra que durante la guerra misma. Los féretros empiezan a regresar a los hogares de California, Missouri, Maryland, y ya sabemos lo que esto significó para Lyndon B. Johnson cuando se empantanó en Vietnam. Bush tiene que pensar en su reelección dentro de un año. Su fracaso en Irak, a medida que se acentúa, vulnerará a un presidente que muchos norteamericanos, pasada la euforia de la victoria, comienzan a ver bajo la luz de su endeble y debatida elección sin mandato de la mayoría de los electores. Un presidente, en rigor, ilegítimo.

Irak se hunde en el caos. Era previsible que la caída del régimen de Saddam resucitaría la pugna secular entres suníes, chiítas y kurdos. La ausencia de orden es escandalosa. Thomas Friedman del *New York Times* da cuenta de los ciudadanos comunes y corrientes que se lanzan a dirigir el tráfico en Bagdad, dada la ausencia de una mínima fuerza policial. Las tropas norteamericanas están, mayoritariamente, atrincheradas en sus cuarteles. (Ciento cuarenta y ocho mil tropas USA se hallan en Irak.) Los servicios de salud y agua potable no existen. La inseguridad personal y económica crece día con día. No hay seguridad. No hay autoridad. Victoria pírrica: Bush jamás previó el colapso del orden interno, ni cómo remediarlo. Nada anuncia el arribo de la democracia. Todo pronostica la inminencia de la guerra civil.

Desbandado el ejército irakí, los Estados Unidos ahora reclutan a los espías de Saddam para su servicio. Pero como dice Joseph Sommers, presidente de Harvard: "Jamás en la historia alguien ha lavado un coche alquilado." Entretanto —otra imprevisión—, los gastos de la ocupación aumentan día a día. Reconstruir la red eléctrica va a requerir una inversión de trece mil millones de dólares en cuatro años. El mismo tiempo y dieciséis mil millones de dólares más costará restaurar los servicios de agua. En cuanto a la ocupación militar, su costo es imprevisible salvo en un capítulo: aumentará, más allá de las capacidades del presupuesto norteamericano.

De allí que Bush, con gran cinismo y contrición ninguna, apele ahora a la ayuda internacional para un Irak destruido sólo por Bush. Las advertencias y los votos de México, Chile, Francia, Alemania y Rusia no fueron escuchados y, a veces, fueron satanizados. ¿Con qué cara pide ahora Bush ayuda para legalizar una aventura bélica que prosperó seguida de una aventura política que fracasó, llevándose entre las patas toda semblanza de juridicidad internacional? Irak fue la bandera misma de la política unilateral de Bush. ¿Se trata ahora de regresar al orden multilateral que mantuvo la paz durante los pasados cincuenta años? Así, de buena fe, pueden considerarlo algunos miembros del Consejo de Seguridad, pero a condición de que sean las Naciones Unidas, y no los Estados Unidos, quienes conduzcan el proceso de reconstrucción irakí.

El delegado alterno de Francia en el Consejo, Michel Duclos, lo ha explicado de manera tan clara que requiere una cita textual: "Francia está convencida que la transición política tendrá más probabilidades de éxito si la conducen los propios irakíes, con la ayuda no de las fuerzas de ocupación sino de la comunidad internacional en su conjunto, encabezada por las Naciones Unidas." La reconstrucción, añade, "sólo será posible si las autoridades de la coalición admiten que no pueden tener éxito por sí solas".

Es este mundo de "naciones iguales y soberanas" evocado por el gobierno francés, el único que puede reconstruir a Irak siempre y cuando la llamada "coalición" (coalición de un solo miembro) "admita que no puede, por sí sola, tener éxito". Añado a estas palabras las del brillante ministro de Asuntos Exteriores de Francia, Dominique de Villepin: "Si sistemáticamente la fuerza se impone al derecho, si la opinión de los pueblos no es tomada en cuenta, entonces los factores de desorden saldrán fortalecidos."

Puedo imaginar que estos razonamientos encuentren eco en algunos sectores del Departamento de Estado pero no en las impenetrables mentalidades del vicepresidente Cheney, el secretario Rumsfeld y la cábala neoconservadora. Para ellos, hay un interés desnudo. Las terribles e inexistentes armas de Saddam fueron el pretexto inicial. Construir la democracia en Irak, el segundo. El tercero y auténtico ya salió a relucir. En la pugna por controlar las reservas petrolíferas de Irak —las segundas del mundo— han ganado las licitaciones la Halliburton y su subsidiaria Kellog Brown and Root. Son éstas compañías estrechamente ligadas al vicepresidente Cheney, ejecutivo durante años de la Halliburton, que tan favorecidas salen en esta petroguerra.

¿Son estos mercaderes de la muerte quienes ahora solicitan cooperación para salir del berenjenal en que se metieron? ¿Se compadece un gasto de decenas de miles de millones de dólares para respaldar una acción unilateral que el mundo rechazó? Porque Bush se enfrenta al dilema de enviar más fuerzas norteamericanas a Irak o contar con más fuerzas extranjeras. Y éstas, en la visión de poder de la Casa Blanca, de ninguna manera podrían ser fuerzas al mando de la ONU o de potencia alguna que no sean los Estados Unidos de América.

Crece la queja de las tropas norteamericanas en Irak. Ya pasan de doscientos los soldados yanquis caídos después de la ilusa promesa de Bush el 1 de mayo. "¿Cuál es la política en Irak?", pregunta el senador Edward M. Kennedy, añadiendo: "La gente quiere saber hasta cuándo sus hijos serán blancos de ataque dentro de Irak." Sí, sombras de Vietnam en año electoral. ¡Pobre Bush! Ni se hallaron las armas de destrucción masiva, ni hay paz en Irak ni su reelección está asegurada.

Y sin embargo, a partir de este desastre, es más urgente que nunca plantearse la necesidad de reconstruir un orden internacional fundado en derecho. Felipe González lo ha definido perfectamente: "Aspiramos a un orden internacional construido entre todos, a una gobernanza de la globalización que no venga de la hegemonía sin complejos que nos ofrecen los ideólogos de la Casa Blanca" (*El País*, 3 de mayo de 2003).

El forcejeo diplomático apenas se inicia. Veremos qué concesiones a Bush siente Koffi Annan que son indispensables y qué concesiones hace la cábala neoconservadora a Colin Powell. Pero la pregunta mayor está allí, en el centro: Mundo unilateral o mundo multilateral. Mundo unipolar o mundo bipolar. No multipolar, aberración física, sino bipolar en beneficio, aunque Bush jamás lo entienda, a favor del ejercicio moderado y provechoso del poder norteamericano. Así lo entendió Bill Clinton. Ojalá así lo entendiera un sucesor demócrata del malhadado Bush en la Casa Blanca dentro de año y medio.

2004: ABRIL 1
EL RACISTA ENMASCARADO

"El mejor indio es el indio muerto." "El mejor negro es el esclavo negro." "La Amenaza Amarilla." "La Amenaza Roja." El puritanismo que se encuentra en la base de la cultura WASP (Blanca, Anglosajona y Protestante) de los Estados Unidos de América se manifiesta de tarde en tarde con llamativos colores. A los que arriba señalo, se añade ahora, con el vigor de las ideas simplistas que eximen de pensar, "el Peligro Moreno".

Su proponente es el profesor Samuel P. Huntington, incansable voz de alarma acerca de los peligros que "el otro" representa para el alma de fundación, blanca, protestante y anglosajona, de los Estados Unidos. Que existía (y existe) una "América" (pues Huntington identifica a los Estados Unidos con el nombre de todo un continente) indígena anterior a la colonización europea, no le preocupa. Que además de Angloamérica exista una anterior "América" francesa (la Luisiana) y hasta rusa (Alaska) no le interesa. La preocupación es la América Hispánica, la de Rubén Darío, la que habla español y cree en Dios. Este es el peligro indispensable para una nación que requiere, para ser, un peligro externo identificable. Moby Dick, la ballena blanca, es el símbolo de esta actitud que, por fortuna, no comparten todos los norteamericanos, incluyendo a John Quincy Adams, sexto presidente de la nación norteamericana, quien advirtió a su país: "No salgamos al mundo en busca de monstruos que destruir."

Huntington, en su *Choque de civilizaciones*, encontró su monstruo exterior necesario (una vez desaparecida la

URSS y "el Peligro Rojo") en un Islam dispuesto a asaltar las fronteras de Occidente, rebasando las proezas de Saladino, el sultán que capturó Jerusalén en 1187, y superando él, Huntington, la campaña cristiana de Ricardo Corazón de León en Tierra Santa cinco años más tarde. La cruzada antiislámica de Huntington Corazón de León definió que ese corazón era profundamente racista pero asimismo profundamente ignorante del verdadero *kulturkampf* dentro del mundo islámico. El Islam no se dispone a invadir Occidente. El Islam está viviendo, de Argelia a Irán, su propio combate cultural y político entre conservadores y liberales islámicos. Es un combate vertical, en hondura, no horizontal, en expansión.

El explotador mexicano. La nueva cruzada de Huntington va dirigida contra México y los mexicanos que viven, trabajan y enriquecen a la nación del norte. Para Huntington, los mexicanos no viven —invaden—; no trabajan —explotan—; y no enriquecen —empobrecen, porque la pobreza está en su naturaleza misma—. Todo ello, añadido al número de mexicanos y latinoamericanos en los Estados Unidos, constituiría una amenaza para la cultura que para Huntington sí se atreve a decir su nombre: la Angloamérica protestante y angloparlante de raza blanca.

¿Invaden los mexicanos a los Estados Unidos? No: obedecen a las leyes del mercado de trabajo. Hay oferta laboral mexicana porque hay demanda laboral norteamericana. Si algún día existiese pleno empleo en México, los Estados Unidos tendrían que encontrar en otro país mano de obra barata para trabajos que los blancos, sajones y protestantes, por llamarlos como Huntington, no desean cumplir, porque han pasado a estadios superiores de empleo, porque envejecen, porque la economía de los Estados Unidos pasa de la era industrial a la post-industrial, tecnológica e informativa.

¿Explotan los mexicanos a los Estados Unidos? Según Huntington, explotando él mismo la infame Proposición 187 de California que pretendía excluir a los hijos de inmigrantes de la educación y a sus padres de todo beneficio médico o social, los mexicanos constituyen una carga injusta para la economía del norte: reciben más de lo que dan.

Esto es falso. California destina mil millones de dólares al año en educar a los hijos de inmigrantes. Pero si no lo hiciese —atención, Schwarzenegger—, el Estado perdería dieciséis mil millones al año en ayuda federal a la educación. Y el trabajador migrante mexicano paga veintinueve mil millones de dólares más en impuestos, cada año, de lo que recibe en servicios.

El inmigrante mexicano, lejos de ser el lastre empobrecedor que Huntington asume, crea riqueza al nivel más bajo pero también al más alto. Al nivel laboral más humilde, su expulsión supondría una ruina para los Estados Unidos. John Kenneth Galbraith (el norteamericano que Huntington no puede ser) escribe: "Si todos los indocumentados en los Estados Unidos fuesen expulsados, el efecto sobre la economía norteamericana... sería poco menos que desastroso... Frutas y legumbres en Florida, Texas y California no serían cosechadas. Los alimentos subirían espectacularmente de precio. Los mexicanos quieren venir a los Estados Unidos, son necesarios y añaden visiblemente a nuestro bienestar" (*La naturaleza de la pobreza de masas*).

En el nivel superior, el migrante hispano, nos dice Gregory Rodríguez de la Universidad de Pepperdine, tiene el más alto número de asalariados por familia de cualquier grupo étnico, así como la mayor cohesión familiar. El resultado es que, aunque el padre llegue descalzo y mojado, el descendiente del migrante alcanza niveles de ingreso comparables a los del trabajador asiático o caucásico. En la segunda y tercera generación, los hispanos son, en un 55%, dueños de sus propias casas, comparados con 71% de hogares blancos y 44% de hogares negros.

Añado a los datos del profesor Rodríguez que, sólo en el condado de Los Ángeles, el número de negocios creados por migrantes hispanos ha saltado de 57,000 en 1987 a 210,000 el año pasado. Que el poder adquisitivo de los hispanos ha aumentado en un 65% desde 1990. Y que la economía hispanoamericana en los Estados Unidos genera casi cuatrocientos mil millones de dólares —más que el PIB de México.

¿Explotamos o contribuimos, señor Huntington?

El balcanizador mexicano. Según Huntington, el número y los hábitos del migrante mexicano acabarán por balcanizar a los Estados Unidos. La unidad norteamericana ha absorbido al inmigrante europeo (incluyendo a judíos y árabes, no mencionados selectivamente por Huntington) porque el inmigrante de antaño, como Chaplin en la película homónima, venía de Europa, cruzaba el mar y siendo blanco y cristiano (¿y los judíos, y los árabes y ahora los vietnamitas, los coreanos, los chinos, los japoneses?) se asimilaban en seguida a la cultura anglosajona y olvidaban la lengua y las costumbres nativas, cosa que debe sorprender a los italianos de *El Padrino* y a los centroeuropeos de *The Deer Hunter*.

No. Sólo los mexicanos y los hispanos en general somos los separatistas, los conspiradores que queremos crear una nación hispanoparlante aparte, los soldados de una reconquista de los territorios perdidos en la guerra de 1848.

Si diésemos vuelta a esta tortilla, nos encontraríamos con que la lengua occidental más hablada es el inglés. ¿Considera Huntington que este hecho revela una silenciosa invasión norteamericana del mundo entero? ¿Estaríamos justificados mexicanos, chilenos, franceses, egipcios, japoneses e hindúes a prohibir que se hablase inglés en nuestros respectivos países? Estigmatizar a la lengua castellana como factor de división prácticamente subversivo revela, más que cualquier otra cosa, el ánimo racista, éste sí divisor y provocativo, del profesor Huntington.

Hablar una segunda (o tercera o cuarta) lengua es signo de cultura en todo el mundo menos, al parecer, en el Edén Monolingüe que se ha inventado Huntington. Establecer el requisito de la segunda lengua en los Estados Unidos (como ocurre en México o en Francia) le restaría los efectos satánicos que Huntington le atribuye a la lengua de Cervantes. Los hispanoparlantes en los Estados Unidos no forman bloques impermeables ni agresivos. Se adaptan rápidamente al inglés y conservan, a veces, el castellano, enriqueciendo el aceptado carácter multiétnico y multicultural de los Estados Unidos. En todo caso, el monolingüismo es una enfermedad curable. Muchísimos latinoamericanos hablamos inglés sin temor de contagio. Huntington presenta a los Estados Unidos como un gigante tembloroso ante el embate del español. Es la táctica del miedo al otro, tan favorecida por las mentalidades fascistas.

No: el mexicano y el hispano en general contribuyen a la riqueza de los Estados Unidos, dan más de lo que reciben, desean integrarse a la nación norteamericana, atenúan el aislacionismo cultural que a tantos desastres internacionales conduce a los gobiernos de Washington, proponen una diversificación política a la que han contribuido y contribuyen afroamericanos, los "nativos" indígenas, irlandeses y polacos, rusos e italianos, suecos y alemanes, árabes y judíos.

El peligro mexicano. Huntington pone al día un añejo racismo antimexicano que conocí sobradamente de niño, estudiando en la capital norteamericana. *The Volume Library*, una enciclopedia en un solo tomo publicada en 1928 en Nueva York, decía textualmente: "Una de las razones de la pobreza en México es la predominancia de una raza inferior." "No se admiten perros o mexicanos", proclamaban en sus fachadas numerosos restoranes de Texas en los años treinta. Hoy, el elector latino es seducido en español champurrado por muchos candidatos, entre ellos Gore y Bush en la pasada elección. Es una táctica electorera (como la proposición migratoria de Bush hace unas semanas).

Pero para nosotros, mexicanos, españoles e hispanoamericanos, la lengua es factor de orgullo y de unidad, es cierto: la hablamos quinientos millones de hombres y mujeres en todo el mundo. Pero no es factor de miedo o amenaza. Si Huntington teme una balcanización hispánica de los Estados Unidos y culpa a Latinoamérica de escasas aptitudes para el gobierno democrático y el desarrollo económico, nosotros hemos convivido sin separatismos nacionalistas desde el alba de la Independencia.

Acaso nos une lo que Huntington cree que desune: la multiculturalidad de la lengua castellana. Los hispanoamericanos somos, al mismo tiempo que hispanoparlantes, indoeuropeos y afroamericanos. Y descendemos de una nación, España, incomprensible sin su multiplicidad racial y lingüística celtíbera, griega, fenicia, romana, árabe, judía y goda. Hablamos una lengua de raíz celtíbera y enseguida latina, enriquecida por una gran porción de palabras árabes y fijada por los judíos del siglo XIII en la corte de Alfonso el Sabio.

Con todo ello ganamos, no perdimos. El que pierde es Huntington, aislado en su parcela imaginaria de pureza racista angloparlante, blanca y protestante —aunque su generosidad la extienda, graciosamente, al "cristianismo". Porque seguramente Israel e Islam son peligros tan condenables como México, Hispanoamérica y, por extensión, la propia España de hoy, culpable según Huntington de indeseables incursiones en antiguos territorios de la Corona.

Pregunta ociosa: ¿Cuál será el siguiente Moby Dick del capitán Ajab Huntington?

IRAK: LA GUERRA DESPUÉS DE LA GUERRA

"Abril es el mes más cruel." Hace un año, el 1 de mayo, George W. Bush declaró desde la cubierta de un portaviones cercano a la costa de California: "Misión cumplida." Un año más tarde, el famoso inicio de *La tierra baldía* de T. S. Eliot viene a cuento. Este abril ha sido el más cruel de lo que Susan Sontag llama la "Presidencia selecta" (*the selected Presidency*), que no propiamente electa, del ex gobernador de Texas.

Como tal, según lo narra Richard A. Clarke en su difundido libro *Contra todos los enemigos*, Bush declaró: "Dios quiere que yo sea presidente." Guiado por el Todopoderoso en las Alturas, Bush acaba de confirmar su mesianismo afirmando que él no obedece a su padre, el ex presidente George H. W. Bush, sino a "el Padre Más Alto", es decir, Dios mismo.

Como Dios no tiene manera de responder a los despropósitos de Bush con palabras, lo está haciendo con actos. Un año después de declarar "Misión cumplida" y fin de las operaciones militares mayores en Irak, Bush se enfrenta a la cruda y ruda realidad de la guerra que desencadenó sin necesidad y por pura voluntad. El caos reina en Irak. El gobierno de Bush no estaba preparado para la guerra después de la guerra: la violenta paz de un país ocupado y resistente.

Irak: los hechos. Sumemos los hechos. El procónsul norteamericano en Irak, Paul Bremer, incrementó los errores iniciales. Cesó a treinta mil funcionarios del régimen de Saddam, la mayoría miembros del partido oficial Baaz. La burocracia dejó de funcionar y no fue reemplazada, con caóticos resultados para la administración del país. Esto ocurrió el 16 de mayo. El 22, Bremer disolvió el ejército irakí, confiado en que las fuerzas de la "coalición" dominada por los Estados Unidos deberían imponer, a su buen saber, el orden de la posguerra. El resultado fue que medio millón de irakíes se quedaron sin ocupación, armados y listos para combatir, llegado el caso, al lado de fuerzas insurgentes contra la ocupación.

Bremer añadió a estos errores uno colosal: confrontar a los clérigos de la mayoría chiíta, opositores del régimen suní de Saddam Hussein. Ignorando la composición étnica y religiosa (suní, chiíta y kurda) de Irak, así como sus tradiciones tribales, el virrey Bremer empujó al ayatola supremo de los chiítas, Alí al-Sistami, a propiciar la insurgencia de milicias en la ciudad de Najaf. No fue más feliz su trato con la minoría suní. Cerró su periódico y ordenó el arresto del jefe insurgente Moktar al-Sadr, quien prontamente se atrincheró en la ciudad sagrada de Faluja.

Este es el cuadro primario de la posguerra en Irak: una fuerza de ocupación norteamericana enfrentada a una insurgencia tribal y religiosa. La guerra tecnológica desde el aire, carta mayor de la ofensiva de Bush, se redujo a algo que conocemos bien mexicanos, centroamericanos, vietnamitas, argelinos, subshaharianos, centroeuropeos y cuantos pueblos han sufrido los rigores y la injuria de una ocupación extranjera: la lucha calle por calle, casa por casa, con pérdidas crecientes para los invasores. Hay pandillas que ocupan barrios enteros en Bagdad.

Los invasores se creyeron liberadores. Pero el pueblo ocupado, ha dicho el ministro de Defensa de Polonia, no quiere "ser visto como aliado de los Estados Unidos". Ello propicia un caos en el que los irakíes, si no se unen a los guerrilleros, tampoco luchan contra ellos. En estas condiciones, la oferta política norteamericana ha quedado totalmente desacreditada. Un hombre sin el menor apoyo local, mero títere de los Estados Unidos, Ahmad Chalabi, fue convocado del exilio para encabezar un consejo de gobierno impuesto arbitrariamente. Las fuerzas reales sobre el terreno —chiítas, suníes y kurdos— pronto demostraron que no habría nuevo gobierno en Irak sin ellos. Arrumbado e impotente, Chalabi mismo se volvió contra los Estados Unidos. La ocupación misma se vuelve insostenible. Los Estados Unidos, para parafrasear la pintoresca expresión de Adolfo Aguilar Zinser, tienen que "tragar camote". Es decir: desdecirse.

Irak: la hubris. La *hubris*, el orgullo desmedido, se paga caro. "Tómenlo o déjenlo", dijo Bush cuando se lanzó a la guerra contra Irak: "Con nosotros o contra nosotros. No tiene importancia. Los Estados Unidos pueden y quieren actuar solos." Hace medio siglo otro desbocado imperialista, John Foster Dulles, dijo: "Los Estados Unidos no tienen amigos. Tienen intereses." Hoy, la consejera Condoleeza Rice le hace eco. Los Estados Unidos, afirma, sólo atienden a sus intereses nacionales, no a los de "una ilusoria comunidad internacional".

La soberbia se tradujo en actos fatales para la "ilusoria" comunidad internacional. Se abandonaron las políticas de disuasión y contención. Se erigió el principio bárbaro del ataque preventivo. Se desdeñó a la autoridad competente (el Consejo de Seguridad de la ONU). Se pasó por alto el principio de la guerra como último recurso, soltando sin legalidad alguna los shakesperianos "mastines de la guerra". El requisito de la recta intención se convirtió en torcida intención: intención petrolera y dádivas contractuales a los amigos de Bush.

Las "razones" para ir a la guerra fueron cayendo una tras otra. Saddam no tenía ni tuvo ni tendría armas de destrucción masiva. Éstas, ha admitido el desconcertante subsecretario de Defensa Paul Wolfowitz, fueron invocadas por "razones burocráticas" para ir a la guerra. Desacreditando este pretexto, se invocó el siguiente: derrocar al malvado Saddam Hussein, hechura frankensteiniana de los propios Estados Unidos. Pero, ¿por qué Saddam y no otro de las docenas de tiranos y tiranuelos de este mundo: Mugabe en Zimbabwe, la junta militar birmana, el déspota coreano Kim Il Sung, el brutal Muammar al-Kadafi, especialista en derrumbar aviones de pasajeros y hoy, como Saddam ayer, niño mimado de Washington...? Lo dije desde la campaña presidencial del año 2000. Esta es una petroguerra en la que la codicia estratégica privó sobre toda otra consideración. Con razón Bechtel, la compañía de George Schulz, ha obtenido el primer contrato de construcción irakí.

Una guerra injusta e innecesaria ha conducido a una posguerra larga y costosa. Setecientos cincuenta norteamericanos muertos en combate. Cuatro mil heridos. Once mil civiles irakíes muertos. Un régimen de tortura y humillación monstruoso practicado por elementos de los Estados Unidos en las mismas cárceles mortales de Saddam Hussein... Evoco las palabras de Kurz en *El corazón de las tinieblas* de Conrad: "El horror... el horror".

Irak: las soluciones. ¿Cómo salir de este desastre? "Tragando camote." La despreciada ONU vuelve a ser el camino, incierto pero único. La política exterior francesa, articulada por Jacques Chirac e implementada por Dominique de Villepin, ha venido ofreciendo la salida política, legal y racional. Los Estados Unidos, por sí solos, no pueden asegurar la transición política de Irak. Este es un cargo que corresponde a la ONU y que consiste en establecer un gobierno provisional tecnocrático que desaloje al actual Consejo títere, convoque una Asamblea Constituyente y dé voz a las fuerzas reales de Irak: religiosas y laicas, tribales y nacionalistas.

La Conferencia Nacional Irakí propuesta por Chirac es realista. No excluye a las potencias ocupantes. Pero exige de los Estados Unidos un alto grado de esa "humildad" que George W. Bush proclamó como su consigna electoral en el año 2000. La tarea no es fácil. La unidad irakí está en cuestión. La condición para salvarla es que tanto la ONU como los Estados Unidos regresen al camino del derecho internacional hoy vulnerado, reconociendo que puede haber unilateralismo militar pero que legal y económicamente sólo puede haber salud en el multilateralismo. Este es el mensaje que con vigorosa claridad dio Ernesto Zedillo en su discurso de fin de cursos en Harvard. Es el mensaje de Fernando Henrique Cardoso ante la Asamblea Nacional Francesa: el terrorismo sólo puede ser vencido mediante la cooperación global que atienda los agravios que son su caldo de cultivo. Es el mensaje de Dominique de Villepin: "Sólo el respeto a la ley da legitimidad a la fuerza y fuerza a la legitimidad." Es el mensaje de Harry Truman al fundar la ONU en San Francisco: "A todos nos incumbe reconocer, por muy grande que sea nuestro poderío, que debemos negarnos la licencia de hacer lo que nos venga en gana." Es el mensaje de Bill Clinton en 1999: "Abandonemos la ilusión de que podemos para siempre reservarnos lo que le negamos a los demás." Es la lección de Felipe González: Un orden internacional creado por todos, no por la supremacía de una sola potencia.

Es la sabiduría eterna de Pascal: "No pudiendo hacer que lo justo sea fuerte, hagamos que lo fuerte sea justo."

Otro sabio francés, Jean Daniel, ha escrito que la guerra en Irak desacredita a la guerra contra el terrorismo. En efecto, Bush se lanzó contra un tirano sin lazos con Al Qaeda o con Osama Bin Laden, aplazando la lucha contra los terroristas y dándoles la oportunidad de hacerse fuertes y golpear a España y Marruecos. Bush venció fácilmente a un Irak débil, postrado por las sanciones y el embargo que siguieron a la guerra del Golfo, reflexión debida a Barton Gellman en el *Washington Post*. Fortaleció, en cambio, a los fundamentalistas islámicos, empujados a las mezquitas porque el poder político lo tienen los regímenes autoritarios apoyados por los Estados Unidos.

Irak: la debilidad del poder. Pero la paradoja mayor es que el triunfo de los Estados Unidos en Irak se ha traducido en debilidad para los Estados Unidos dentro y fuera de Irak. Resquebrajadas sus más serias alianzas, rechazadas sus políticas por grandes mayorías mundiales, los Estados Unidos deberán pagar una enorme factura económica por las aventuras del iluminado George W. Bush. El gasto militar norteamericano es de trescientos cincuenta mil millones de dólares anuales: el 36% del gasto mundial y más que el gasto unido de las nueve siguientes naciones. Sin embargo, no bastan estas sumas para someter y gobernar a un solo país, Irak, y mucho menos para abrir nuevos frentes, posibles y probables. La mitad del ejército norteamericano está ya en Irak.

¿Quién paga la guerra? Una política económica clasista, indica Paul Krugman. Un keynesianismo de derecha que convierte el superávit en déficit mediante la multiplicación de gastos de defensa, menores impuestos, proteccionismo y la salvación de empresas quebradas. El déficit de la cuenta corriente norteamericana es de quinientos mil millones de dólares anuales. Los Estados Unidos necesitan atraer capital foráneo. La detestada Francia tiene invertidos setenta y siete mil millones de dólares en Estados Unidos —más que la inversión norteamericana en Francia.

El costo de la dominación mundial es altísimo, advierte el brillante financiero Felix Rohatyn. El unilateralismo daña a los Estados Unidos política y económicamente. Daña los niveles de vida porque los Estados Unidos dependen demasiado del capital y la energía foráneos. Los reclamos internos de la sociedad son demasiado grandes como para permitir los gastos interminables de la dominación militar.

Estos son temas que debe abordar muy pronto el hasta ahora bastante pasivo candidato del Partido Demócrata, John Kerry. Pero sobre todo el senador por Massachusetts representa una oportunidad mayor para la diplomacia norteamericana: devolverle a los Estados Unidos la credibilidad que las fracasadas políticas de George W. Bush le han quitado. ¿Quién volverá a creerle a Bush la próxima vez que grite: "¡Ahí viene el lobo!"?

2004: MAYO 12
EL MAL

Las terribles imágenes de la prisión de Abu Ghraib suscitan un horror que implica, pero trasciende también, la errada política de una guerra rechazada por la mayoría de la humanidad desde que el gobierno de George W. Bush la preparó y en seguida la desencadenó en abril del año 2003.

Sí, los crímenes los cometieron elementos de las fuerzas de ocupación norteamericanas en Irak. Prisioneros desnudos, obligados a masturbarse o sodomizarse, a formar pirámides humanas ante la alegría fotografiada de sus captores norteamericanos. Una jovencita militar arrastrando con una cuerda a un prisionero irakí desnudo. Prisioneros amenazados y luego, efectivamente, atacados por perros de presa. Hombres encapuchados y parados sobre estrechas plataformas, amenazados de electrocución si se movían.

Nos dicen que este es sólo el pico del iceberg de una documentación de la infamia cometida por hombres y mujeres de las fuerzas de ocupación norteamericanas. Regresan a la memoria herida de nuestro tiempo las peores infamias del ser humano: las matanzas de My Lai en la guerra de Vietnam, la "cuestión" en la guerra de Argelia, la interminable serie de crímenes de israelíes contra palestinos y de palestinos contra israelíes. Y más allá, maculando para siempre la memoria del siglo XX, el *Gulag* de José Stalin y los campos de concentración de Adolfo Hitler.

Hay una diferencia, claro está, entre las atrocidades nazis y las atrocidades norteamericanas. Aquéllas fueron parte de un proyecto de exterminio perfectamente explicitado por el *Führer* mismo y ejecutado por sus secuaces —Himmler a la cabeza— sin sentimientos de culpa o sospecha de castigo alguno. Stalin escondió sus crímenes. Hitler los programó y anunció: eran "La solución final."

Para los Estados Unidos se trata de excepciones, de aberraciones a una filosofía política que abomina de horrores como los de Abu Ghraib y llama a cuenta a quienes los perpetraron. El asunto se complica en dos dimensiones. Una es la de la escala de responsabilidad. ¿Se trata de castigar a unos cuantos elementos perversos, las famosas "manzanas podridas"? ¿O se extiende la responsabilidad del mal a alturas mayores: el mando inmediato en Irak, el Pentágono, la Casa Blanca misma? Bush ha pedido perdón. Rumsfeld se ha hecho responsable. Es la diferencia entre la Alemania nazi y la democracia norteamericana. Pero la duda persiste: ¿cuánto sabían y desde cuándo lo sabían los responsables políticos norteamericanos? ¿Hubiesen mantenido el secreto si Seymour Hersch no lo devela en la revista *The New Yorker?* ¿Lo hubiese mantenido la cadena de televisión CBS, presionada a callar por el gobierno hasta que Hersch destapó la caldera del diablo?

El asunto trasciende a los gobiernos —dictatoriales o democráticos— porque las siniestras imágenes de la cárcel irakí replantean un problema humano mayor: el Mal, así con mayúscula. Vuelven a formular una pregunta tan antigua como el crimen bíblico de Caín: ¿por qué hacemos los humanos daño a otros humanos?

Hay muchas respuestas a esta angustiosa pregunta. La Biblia abunda en llamados a la violencia por mandato de Dios. La conquista de Caná es una masacre sin piedad. Y Moisés pide, al descender de Sinaí, que quienes se unan a él ciñan la espada contra quienes no lo hagan (conmigo o contra mí, pues): "Id y venid de una puerta a otra… y degollad al hermano, amigo y prójimo de cada uno."

La filosofía ha destacado una y otra vez el conflicto del Mal en el ser humano. Sólo en él, advierte Schelling, "se desarrolla la contienda de los principios". "En el hombre está el poder entero del principio tenebroso y a la vez la fuerza entera de la luz." En los animales esta oposición *todavía* no se da. En Dios, *ya* no se da. Si los seres humanos logran armonizar la oposición entre el Bien y el Mal, se acercan a Dios. Si no, se acercan al Demonio… o regresan a la Bestia.

Cuando Hobbes dice que el hombre es el lobo del hombre, indica que constituimos un riesgo para nosotros mismos. El Mal no es obra del Diablo. Pertenece a la esfera de la libertad. El Mal forma parte de nuestro horizonte de posibilidades. Existe una libertad para el Mal. Cuando cae en el Mal, el ser humano se traiciona a sí mismo. Traiciona su trascendencia, según San Agustín. El Mal es el agujero negro de la existencia. Dominar al Mal es un problema moral, pero también un problema político.

Ambos se funden, para Max Scheler, en la guerra, que para el filósofo alemán apologista del *Kaiser* puede ser "el estallido de un fondo creador surgido del abismo de la historia". La dialéctica es asunto de sangre, advierte Hegel: el espíritu se hace verdad sólo a través de la guerra y de la lucha. Carl Schmitt abre la puerta filosófica al nacional-socialismo cuando escribe que sólo nos conocemos a nosotros mismos cuando identificamos a nuestro enemigo. "Con nosotros o contra nosotros." "La humanidad" es un engaño. Sólo existe el otro y el otro es el enemigo.

La politización del Mal explica, según Freud, que naciones civilizadas puedan cometer actos atroces: "acciones de crueldad, perfidia, traición y barbarie cuya posibilidad se habría considerado, antes de cometerlas, incompatible con el nivel cultural alcanzado" por el país delictivo, Alemania o los Estados Unidos.

Hannah Arendt, famosamente, describió el carácter mediocre, común y corriente, de un criminal de guerra como Adolf Eichmann, como "la banalidad del mal". Pero las situaciones extremas pueden determinar conductas humanas insólitas en los seres más "normales". La universidad norteamericana de Stanford, por ejemplo, creó en 1971 una prisión simulada en un sótano. Veinticuatro estudiantes fueron escogidos, al azar, para interpretar papeles de guardias y prisioneros. Bastaron pocos días para que los "guardias", espontáneamente, se convirtiesen en sadistas incontrolables, desnudando a los "prisioneros", ordenándoles que cometieran actos sexuales y cubriéndoles las cabezas con bolsas.

Eran jóvenes estudiantes norteamericanos ordinarios. No resistieron la tentación del Mal. ¿Cómo iban a resistirla esos que Hermann Terstch, escribiendo en *El País* de Madrid, llama "*hooligans* con uniforme, más o menos iletrados y silvestres, que manda Washington a imponer sublimes mensajes de libertad y democracia al mundo exterior"? Los torturadores de Abu Ghraib, añade Terstch, traicionan a sus camaradas en combate, a su pueblo, a sus aliados y amigos. Y, paradójicamente, lo hacen desde la misma cárcel en la que Saddam Hussein encarcelaba y torturaba a sus enemigos.

¿Pueden tener confianza la mayoría de los irakíes en una fuerza de ocupación que los trata igual que el dictador depuesto? Sólo que Saddam no decía obrar en nombre de la democracia. Y si el déspota no era muy selectivo en escoger a sus víctimas, ¿qué decir de la cifra, dada por militares norteamericanos a la Cruz Roja Internacional, de que entre un 70% y un 90% de los interrogados y torturados en Abu Ghraib fueron arrestados por equivocación?

Equivocación. Los abusos de Abu Ghraib son consecuencia directa de una sucesión de errores que dejan al gobierno de Bush a la intemperie. Violado el derecho internacional tanto al nivel de la ONU como de las convenciones de Ginebra. Violado el proceso del Consejo de Seguridad. Ausente la razón para ir a la guerra: la existencia de invisibles armas de destrucción masiva. Todo se suma para despojar de legitimidad a esta guerra, darle la razón a los millones de seres humanos que en todo el mundo se opusieron a ella, y dejar sin credibilidad alguna al increíble gobierno de George W. Bush.

Restaurar esa credibilidad. Devolverle a los Estados Unidos de América su postura constructiva en el concierto de naciones. Limpiar la deshonra de un país maculado por un régimen ideológico de extrema derecha que se sintió autorizado para hacer lo que se le viniera en gana y acabó arrinconado por los mismos derechos que tanto despreció.

Triste fin del reinado perverso de Bush. Pero también segura plataforma para el inicio de una reconstrucción política nacional e internacional en noviembre de 2004. John Kerry tiene la tribuna que le ha regalado George W. Bush: hacer lo contrario de lo que ha hecho el actual presidente.

EPÍLOGO PROVISIONAL

En su editorial del 11 de junio de 2004, el *International Herald Tribune* censura "la desastrosa decisión de Bush": "Arrojarse a una invasión sin autorización del Consejo de Seguridad, la ocupación ineptamente planificada y todo el daño que semejantes políticas le han hecho a Irak y al Oriente Medio, así como a las relaciones de los Estados Unidos alrededor del mundo."

Semejante censura, proveniente del periódico norteamericano más leído mundialmente, sería sobrado epílogo a la desastrosa aventura del desventurado George W. Bush y suficiente epílogo para este pequeño libro, interrumpido el 14 de junio de 2004 por los plazos de la edición.

Sin embargo, de la concisa condena del IHT se derivan, como del centro de una red arácnida, demasiados hilos que abarcan consecuencias jamás previstas por el grupo duro de teólogos neoconservadores que, excedidos de soberbia y de ignorancia, lanzaron a los Estados Unidos de América y al mundo entero a una aventura cuyo precio no acabará de pagarse en mucho tiempo.

He insistido a lo largo de estas páginas en la perversión de prioridades impuesta ilusoriamente por el gobierno de Bush. Acaso por necesidad de separarse de las agendas claramente vistas por el anterior gobierno de Clinton. Quizás por la antiquísima ley de asesinar, figurativamente, al padre, el rey viejo e impotente que no cumplió la tarea dejándola inacabada para gloria ulterior del hijo. Quizás para compensar con abluciones a Marte el culto juvenil a Baco:

Bush decidió ir a la guerra. Una guerra de voluntad, no de necesidad.

No abundaré en la merecida condena al atroz régimen de Saddam Hussein, ni en los mimos que le prodigaron anteriores administraciones norteamericanas. El efecto Frankenstein de estas políticas es bien conocido. Lo condenable es, en primer lugar, el error acerca de las prioridades. Mientras no haya un acuerdo de paz entre Israel y Palestina, el Oriente Medio será un foco de inestabilidad, con o sin Saddam. Y en segundo lugar, haber mentido conscientemente —a los aliados, al mundo, al Consejo de Seguridad de la ONU— acerca de las imperiosas razones para invadir Irak: la posesión de armas de destrucción masiva por el tirano de Bagdad.

Las armas invisibles

Cuando, en 1962, Adlai Stevenson, embajador de Kennedy en la ONU, mostró las fotos aéreas de la presencia de armas soviéticas en Cuba, el delegado soviético, Valerian Zorin, no pudo desmentirlo. Cuando, en 2003, Colin Powell, secretario de Estado de Bush, aseguró que Irak contaba con armas biológicas de destrucción masiva, mentía a sabiendas o estaba engañado.

Hoy queda claro que Saddam no tenía ni estaba a punto de tener tales armas. ¿Cómo pudieron engañarme?, exclama, adolorido, Powell. Entra rápidamente al escenario el clásico Chivo Expiatorio, George Tenet, director de la CIA: la inteligencia falló. ¿Para qué sirve, entonces, una agencia de inteligencia que no recibe la información apropiada para justificar una guerra? Ah, es que el FBI no le daba información correcta o suficiente a la CIA, había un "muro" entre las dos. A temblar: ¿De manera que la seguridad de los Estados Unidos y del mundo entero está en manos incompetentes?

No, la trama es aún más enredada. Resulta que la CIA estaba engañada por el intrigante pretendiente al gobierno de Irak, Ahmad Chalabi, ayer favorito de la Casa Blanca, hoy execrado chivo. El títere engaña al titiritero.

¿Cómo pudieron engañarme?, exclama, con las vestiduras rasgadas, Colin Powell. El mundo le hace eco.

Y con cinismo que desmiente su afable cara de León del Mago de Oz, George Schulz, a su vez, declara: "Lo ocurrido con las armas de destrucción masiva es un misterio." No pensaba así Schulz cuando exigía una guerra inmediata contra Sadam. Pero Oz es el país de las maravillas. E Irak, el de las realidades más obtusas.

A partir de este cúmulo de mentiras y (por ser caritativos) desinformaciones, el gobierno de George W. Bush no ha hecho otra cosa que reiterar errores persistentes y vicios de origen. Las víctimas de ambos son numerosas.

En primer lugar, el orden jurídico internacional. La guerra de Irak, escribe Philip Stephens en el *Financial Times*, es "causa y efecto de la destrucción del sistema internacional de seguridad que dio paz y prosperidad al mundo después de la Segunda Guerra Mundial".

No exento de crisis, retrasos y violaciones, dicho sistema era, de todos modos, un referente válido para el trato entre las naciones y a él se regresaba, una y otra vez, para procurar la legitimación de actos, incluso y a veces, ilegítimos. Pero al menos la referencia era obligada, la sanción imperativa. De Truman y Stalin a Bush padre y Gorbachov, la ONU fue, en el peor de los casos, hoja de parra pero, en el mejor, instancia jurídica y política indispensable, incluso para las grandes potencias nucleares durante los cuarenta años de la Guerra Fría. Se trataba, en todo caso, de un sistema perfectible, experimentado e irrenunciable.

Bush junior y su equipo ideológico decidieron arrojar por la borda a las Naciones Unidas y al sistema multilateral en aras de la libertad de acción ilimitada de la única gran potencia, desaparecida la URSS al finalizar la guerra fría. Con nosotros o contra nosotros, dijo Bush. Los Estados Unidos no requieren el aval de una "ilusoria comunidad internacional", le hizo eco Condoleeza Rice. La guerra unilateral, sin autorización del Consejo de Seguridad, desdeñosa de toda opinión disidente, quiso consagrar el principio de dos soberanías, en palabras de George Soros. Una, la soberanía de los Estados Unidos de América, sacrosanta y eximida de toda limitación. Otra, la soberanía de los demás, sujetos a la intervención norteamericana en virtud del principio de la guerra preventiva. "El derecho internacional" —añade el autor de *La burbuja de la supremacía americana*— sólo le sirve a Bush "para ratificar los resultados del uso del poder."

El viaje a Canosa

Dos años después, con un saco de cenizas en la cabeza, George Bush se ve obligado a regresar a la ONU y al muy estropeado orden multilateral. Que la Casa Blanca quiera identificar este viaje a Canosa con un éxito político que reúne a los aliados perdidos y justifica la guerra y la ocupación de Irak, es un engaño más que Bush le ofrece a esa "ilusoria comunidad internacional". La resolución 1546 aprobada unánimemente por el Consejo de Seguridad el 8 de junio de 2004 no puede menos que asumir el *desideratum* de un Irak libre y soberano al final de un proceso político que va del gobierno provisional a las elecciones en enero de 2005 para una Asamblea Nacional de Transición y, al cabo, a elecciones para un gobierno permanente a la vuelta de los años 2005-2006. Como el lector recordará, esta fue una propuesta inicial del presidente de Francia, Jacques Chirac y del ejecutivo ruso, Vladimir Putin. Con razón dice Miguel Ángel Moratinos, ministro de Relaciones Exteriores de España (la España de Zapatero, no la de Aznar) que, con esta Resolución, son "los Estados Unidos y el Reino Unido los que se han acercado más a las posiciones de Francia, Alemania y España".

En este sentido hay en la multicitada Resolución un claro triunfo de la despreciada "vieja Europa". Sin embargo, el documento no va tan lejos como fuese deseable en cuanto al papel efectivo de la ONU como conductora y supervisora del proceso iraquí, dándole preeminencia a la relación entre el gobierno (o los sucesivos gobiernos) de Bagdad con "la fuerza multinacional", o sea, con las fuerzas armadas de los Estados Unidos, dado que cinco de cada seis uniformados de dicha fuerza son efectivos de los Estados Unidos.

El Consejo de Seguridad ha hecho bien en apoyar una meta deseable —un Irak soberano— y aceptar un hecho variable —la ocupación norteamericana—, dejando que este doblete se desarrolle por vías que no contarán con el apoyo militar de España, Francia o Alemania. Quédense solos los Estados Unidos y el Reino Unido frente a asechanzas que no comprometen al Consejo ni a sus miembros europeos.

Esas asechanzas son múltiples y parecen, al escribir estas líneas, difíciles de sobrepasar.

Políticamente, la actual estructura iraquí deja fuera a "las fuerzas no controladas por el gobierno" e incluso se propone eliminarlas (declaración del primer ministro provisional Alauí Fayad). En este error está el castigo. Las fuerzas que quedan fuera son numerosas, son representativas y no están a punto de rendirse. Como mexicano, recuerdo el Decreto Negro del Emperador Maximiliano durante la ocupación francesa de mi país. Incapaz de atraer o someter a la resistencia republicana, el emperador la condenó a muerte, condenándose a sí mismo. Tal fue, al cabo, la decisión en que se basó Juárez para fusilar al príncipe Habsburgo.

Los grupos resistentes, en vez de ser atraídos, han sido criminalizados y sentenciados. Como lo escribe el antiguo

Consejero de Seguridad del presidente Carter, Zbygniew Br-
zezinky, "mientras más se prolongue la presencia militar de
los Estados Unidos, más se intensificará la resistencia iraquí". No inspira más confianza la decisión de rehabilitar al
ejército bazista de Sadam para combatir a los jefes locales
insurrectos. Esta es una receta para la guerra civil que com-
promete la deseable, pero acaso ilusoria, unidad del país en
el futuro.

Kurdos, chiítas y suníes. La composición real de la población iraquí reclama un federalismo que una a las tres comunidades. Opción ideal, la desmienten realidades menos
que ideales. Los kurdos contemplan un futuro fronterizo o
excéntrico "cargado de peligros e incertidumbres" (gobierno
de Argelia). Si sus derechos en un estado federal no son re-
conocidos, ellos mismos pondrán fin a dicho estado (Masud
Barzani, directivo del Partido Democrático Kurdo).

En todo caso, ¿cómo responderá la mayoría chiíta, largo
tiempo marginada por el suní Hussein, a un intento de reparto equitativo del poder? ¿Pedirá la tajada mayoritaria que
siente es la suya? ¿Dejará de reclamar un estado nacional
islámico que refleje esa realidad? ¿Podrá evitarse la balcanización de Irak?

Todas estas son cuestiones que la Casa Blanca no se
planteó en la carrera hacia la guerra. Como tampoco ima-
ginó una fatal consecuencia de amalgamar la guerra contra
Saddam y la guerra contra el terror. Saddam, tirano bárbaro,
no toleró la presencia de grupos terroristas en Irak. Hoy,
Irak se ha convertido en lugar de cita de los terroristas del
mundo islámico. Y algo peor: la ocupación norteamericana
ha convocado a Irak a militantes del todo ajenos a Al Qaeda,
demostrando la extensión, organización y peligro insospe-
chados de estas organizaciones.

Ante semejante caos, un miembro del Consejo Militar
iraquí lo dice anónima pero tajantemente: "Que regrese Sad-

dam." La errada política de Bush es capaz de rehabilitar a un sangriento déspota. Cuando no hay esperanza, suele haber nostalgia. Por desgracia, equivocadas ambas.

Los desastres de la guerra

No terminan allí los desastres de esta guerra. Richard Clarke, en su celebrado libro, enumera el rosario de catástrofes. Los Estados Unidos, indica, han convertido a Irak en santuario del terror y en reserva del rencor islámico contra Norteamérica. Después de Irak, Al Qaeda ya no será ni el mayor ni el único grupo terrorista islámico. Han surgido docenas de grupos independientes.

"La guerra de civilizaciones" anunciada por Huntington es más que un mito: es un fantasma. Europa ve en la actual política de supremacía norteamericana un espectro de su propio pasado. La disyuntiva europea es clara. Por una parte, hay que mantener la alianza con los Estados Unidos, sea quien sea el ocupante de la Casa Blanca. Los intereses compartidos del Viejo y el Nuevo Mundo son demasiados y demasiado importantes. Pero, por otra parte, Europa tiene la obligación de hablar claro y alto al socio norteamericano cuando éste comete errores. Para eso son los amigos.

Sobre todo, sin embargo, una Europa aliada pero crítica es indispensable para que el mundo árabe no se sienta justificado en ver al Occidente como un solo bloque monolítico, cultural y políticamente opuesto a los valores y realidades del gran arco de civilización que se extiende del Mediterráneo al Golfo Persa y del Nilo al Éufrates. Bush es capaz de darle la razón a Huntington lanzándonos a un precipicio de separaciones irreparables. Y aun cuando intenta lo contrario, Bush cae en grave contradicción. Su proyecto de alentar a las fuerzas democráticas del arco islámico debe sonarles a amenaza a los autoritarios gobiernos de Libia, Egipto, Siria y, sobre todo, la Arabia Saudita. En el pasado, la Casa Blanca ha cooperado alegremente con los déspotas amigos (Egipto, los saudíes) y contrariado a los enemigos (Libia, Siria). Ahora, ¿va a apoyar a los enemigos democráticos de los regímenes autoritarios?

La respuesta no se ha hecho esperar. Saudíes y egipcios no han acudido a las convocatorias de Bush. ¿Cómo lo van a hacer? ¿Qué régimen autoritario está dispuesto a suicidarse? ¿Qué sentirán Muamar el Kadafi, Hosni Mubarak, la dinastía saudí o Bashar Asaad cuando Bush propone un "consenso para el cambio" en el área y ve a "la democracia extenderse en ella"? Por supuesto, ven una amenaza a su propia supervivencia. Algo sabemos de esto los latinoamericanos. De México a la Argentina, los Estados Unidos han pavimentado de buenas intenciones nuestros infiernos. Y de uno a otro extremo de Iberoamérica, hemos sido los mexicanos, los argentinos, los chilenos, los brasileños, quienes hemos enderezado por nosotros mismos el rumbo que la ineptitud norteamericana, a veces fatalmente, señalaba a las dictaduras —sumisas, como las de Somoza o Pinochet, rebeldes, como las de Perón y Castro—. ¿Nunca aprenderán la lección? La democracia ni se exporta ni se impone. La Alemania nazi fue un tumor en un cuerpo político que, desde las leyes sociales de Bismarck hasta la República de Weimar, mostraba un notable desarrollo hacia la democracia. Y en Japón la presencia militar norteamericana duró seis años pero contaba con la dinámica de modernización y apertura al Occidente iniciada por la Restauración Meiji (1868).

La guerra de Irak ha despejado el aire de la política europea. El electorado ha castigado a los líderes que con Bush integraron el Trío de las Azores. Por su servilismo (llevado al innoble extremo de ser recadero de Bush ante Vicente Fox), Aznar fue derrotado y en su lugar vino a reforzar el papel de Europa un gobierno que pasa del automatismo a la búsqueda de consensos. Y en la Gran Bretaña, mientras escribo estas líneas, el Partido Laborista pasa del primer al tercer lugar en la preferencia de los electores, perdiendo los comicios locales como castigo a la política pro-Bush de Tony Blair. ¿Quién apuesta al futuro de Berlusconi? Resulta así que la "vieja Europa" despreciada por Rumsfeld es la "nueva Europa" de Zapatero, Chirac, Schroeder...

La tortura es la cuestión

En Sea Island, Bush pidió al G8 "poner las divisiones del pasado detrás de nosotros". Pregunta: ¿Y los errores también? Bush ha dañado mortalmente la posición moral que tanto reclama para sí ignorando, dejando pasar, ocultando y, posiblemente, autorizando la tortura en las prisiones norteamericanas de Irak.

Oportunamente indignado cuando la noticia salió a la luz a pesar de los esfuerzos para esconderla, Bush ya no condena los excesos: los aparta. Pero el asunto no se va. Llegó para quedarse. Sobre todo cuando, a mediados de junio del 2004, aparecieron las noticias de todo un alegato jurídico pedido por la Casa Blanca a sus abogados para justificar el uso de la tortura en Irak, Afganistán y Guantánamo.

Según estos peritos legales, Bush no estaría obligado por las leyes internas o los tratados internacionales a responder por los casos de tortura porque posee una autoridad presidencial que trasciende la Convención Internacional contra la Tortura y el estatuto norteamericano de 1952 que protege a ciudadanos norteamericanos contra el abuso y la tortura, y que, *a contrario sensu*, prohíbe torturar a ciudadanos extranjeros. La duplicidad de esta política la demuestra claramente el caso de Guantánamo. La base en Cuba es considerada parte del territorio de los Estados Unidos salvo en un punto: es territorio extranjero que no otorga a los prisioneros acceso a los tribunales americanos.

Si estos son argumentos dignos de algunos personajes de *Alice in Wonderland*, no hay en ellos otro humor que el muy negro profesado por Adolf Eichmann, cuando en su proceso por genocidio se quejó de que una "irritante burocracia" había dificultado sus tareas de exterminio.

Arrestos indiscriminados. Nombres equivocados. Inocencia de la mayoría de los arrestados. Inutilidad de los interrogatorios. Fotos de los torturadores exhibiendo sus hazañas como trofeos de caza o de pesca. Memoria de los linchamientos de negros en el Sur. Sí, memorias de la Alemania nazi. Y memorias de Saddam Hussein: se fueron unos torturadores y llegaron otros a suplirlos.

Europa y el mundo no pueden ni deben condonar estos crímenes de lesa humanidad. Bush debe responder por actos recomendados por sus abogados en memoranda de los años 2003-2004, destinados a decirle al presidente cómo evitar juicios por actos de tortura. Bush no puede decir que "no recuerda". La autoridad del presidente no trasciende las leyes que prohíben la tortura.

A esta violación mayor se añaden todas las denunciadas por el coronel norteamericano Douglas Macgregor. Los allanamientos de morada. Las humillantes detenciones. La violencia de las incursiones contra civiles. Los arrestos familiares. Un total de 46 mil encarcelados —el 90% por error—. ¿Quién querrá soldados norteamericanos en su territorio?

Andrés Ortega, escribiendo en *El País*, se alarma más por la incompetencia que por el unilateralismo del gobierno de Bush. Una hiperpotencia incompetente. El resto del mundo no tiene por qué ser el furgón de cola de un maquinista enloquecido por la mezcla embriagante de orgullo, teología y patriotismo imperial. La política, ha declarado Bill Clinton, no es teología. La política —añade— significa gobernar con base en la evidencia, no en el dogma.

Tierra de leche y miel

Richard Clarke, en *Contra todos los enemigos*, comprueba una y otra vez que para el presidente Clinton las prioridades en Oriente Medio eran 1) llegar a un acuerdo de paz entre Israel y Palestina y 2) vigilar estrechamente las actividades de un grupo y un hombre perfectamente fichados por la Casa Blanca demócrata: Al Qaeda y Osama bin Laden.

Clarke se asombra de que, al cambiar el gobierno en enero del 2001, este orden de prioridades haya sido arrumbado, quizás por considerarlo "una rareza" más del sospechoso Clinton. En cambio, derrocar a Saddam Hussein se convirtió en el asunto número uno, a partir del erróneo doble argumento de Wolfowitz: el 11-S no pudo ocurrir sin apoyo de un Estado. Ese Estado era Irak. "No entiendo", Clarke cita a Wolfowitz, "por qué nos ocupamos de este solitario individuo, Bin Laden." O sea, en el más alto nivel de la administración Bush se ignoraba que no son los estados los principales promotores del terrorismo actual. Son grupos que aprovechan, precisamente, su anonimato, su ausencia de nombre, bandera o territorio, para atacar con grado mayor de impunidad.

Los malos presagios para Irak que aquí he citado podrían, ¿hasta qué punto?, subsanarse con una vigorosa política hacia los hermanos enemigos, los pueblos semitas de la antigua tierra bíblica "de leche y miel", judíos y palestinos. De nuevo, en este punto, Bush ha aplicado criterios vacilantes que, en resumen, apoyan las políticas de fuerza de Ariel Sharon y desdeñan la opción de paz que requiere la acción conjunta de los Estados Unidos, la Unión Europea y los países árabes.

La razón indica que la solución jurídica del problema se encuentra en las resoluciones 242 y 338 de las Naciones Unidas, que exigen la retirada de Israel de los territorios ocupados en 1967 —Jerusalén Este, Jordania, Gaza y el Golán sirio—. Esta legalidad no sólo no ha sido respetada. Ha sido abrumada por la facticidad bruta. El camino de regreso a la ley y a la conciliación será tortuoso. Lo obstruye el belicismo desenfrenado de Ariel Sharon. El responsable de las matanzas de Sabra y Chatila no acepta límites para su política de anexión y ocupación. Brutales operaciones de castigo, asesinatos selectivos de líderes palestinos, represalias colectivas contra poblaciones enteras, fuerzas de asalto contra los guetos palestinos.

La espiral de odios y agravios se aviva con nuevos atentados palestinos y respuestas desproporcionadas en razón del abismo que separa a un ejército ultramoderno y a unas milicias mal armadas. Se agrava el odio de los palestinos desamparados, cuya seguridad nadie se atreve a garantizar.

Escribiendo colectivamente sobre estos hechos con el grande y noble escritor palestino Edward Said, hoy desaparecido físicamente pero moralmente presente, y con mi viejo amigo el novelista español Juan Goytisolo, decíamos en diciembre del 2001 que "aunque menor, la responsabilidad de la Autoridad Nacional Palestina en este interminable proceso de destrucción física y de autodestrucción moral es innegable". Indicábamos entonces que el mini-gobierno de Arafat en Gaza ha sido un triste modelo de arbitrariedad y corrupción.

Schlomo Ben Ami, antiguo canciller israelí y hombre de buena fe, juzga los últimos actos de Sharon respecto a la franja de Gaza como una oportunidad para los palestinos si quieren frustrar el "cuanto peor, mejor" de Sharon. Éste quisiera convertir una concesión territorial en punto final de acuerdos, excluyendo toda posibilidad de paz duradera basada en la coexistencia pacífica del estado de Israel y el estado palestino. El ex canciller israelí propone a Palestina crear una Autoridad Provincial de Gaza que luche contra el terrorismo, establezca un entorno estable, cree instituciones públicas y dé el ejemplo de lo que puede ser un Estado nacional palestino.

Pero, como nosotros, Ben Ami concluye que "la implicación activa y firme de la comunidad internacional para ayudar estrechamente a los palestinos en su cometido podría garantizar que Gaza no sea de hecho la 'primera' y la 'última' de las retiradas israelíes, sino que se convierta en el preludio de un proceso de paz más amplio y creíble" (*El País*, 7 de mayo del 2004).

De la prioridad que se le dé al conflicto entre Israel y Palestina dependerá cuanto aquí llevo dicho: el futuro de Irak, de todo el Medio Oriente y eventualmente de ese orden internacional basado en derecho que tanto he invocado a lo largo de estas páginas. Dudo que Bush, dadas sus propias prioridades internacionales e internas, dé un impulso real a esta cuestión. Ojalá que un presidente Kerry reordene las estropeadas prioridades de la Casa Blanca bushista.

Un voto por Kerry

Las opciones de Bush en Irak se agotan. Todas son peligrosas. Permanecer indefinidamente provocará, más temprano que tarde, pérdidas militares crecientes, resistencia iraquí e impaciencia electoral en los Estados Unidos. Salir precipitadamente significará perder cara, admitir el gran error, librar a Irak a un prolongado conflicto civil. Buscar una salida gradual es la mejor opción. Pero por sí misma, no asegura la paz en Irak. Para ello son necesarias una Asamblea Constituyente y la presencia con autoridad de la ONU.

La solución política interna depende de que el reparto del poder sea equitativo, tomando en cuenta tanto la presencia mayoritaria de chiítas, como los derechos de las minorías suní y kurda. ¿Puede obtenerse un gobierno tripartito sin rupturas y tensiones fatales? Sólo que la ONU pase a ser el garante internacional de la transición y los Estados Unidos renuncien a ser la fuerza de ocupación.

Si tal es el caso, bien pueden repensar España, Rusia, Alemania y Francia el grado de su apoyo y presencia en Irak. Mientras éste aparezca, para todo efecto práctico, como un país ocupado por los Estados Unidos, ni Europa ni la ONU pueden actuar con autoridad y correr los inevitables riesgos de sentarse encima de la caldera hirviente de Irak.

En todo caso, ni Europa ni la ONU ni la comunidad internacional en su conjunto podrán llegar a una solución satisfactoria con el actual régimen de George Bush. De allí que mi alegato, vigorosamente, apoye la candidatura presidencial de John F. Kerry. Sólo un nuevo presidente puede inspirarle al mundo la confianza perdida por Bush. Kerry podría hacer lo que Bush ya no puede: llegar a un acuerdo con la ONU y los Aliados para una transición pacífica pero apuntalada en fuerzas militares (con Kerry, incluso las de los Estados Unidos) que impidan la caída en el caos o la guerra civil. Bush carece del prestigio y la autoridad necesarios: si se queda pierde; sí se va, también. El nuevo presidente Kerry puede, en cambio, quedarse bien acompañado y partir de una exigencia común a todos, los Estados Unidos y el mundo: la restauración del orden jurídico internacional, es decir, fundado en derechos y obligaciones para todos, no un conjunto de normas para los Estados Unidos y otra para los demás (Soros).

No hay orden internacional que admita los principios del unilateralismo y de la guerra preventiva. Kerry tendría que salir claramente a favor del orden multilateral y de la primacía de la diplomacia. Un nuevo gobierno norteamericano debe actuar en el mundo a partir de cinco principios: 1° Autoridad competente. 2° Justa causa. 3° Intención legal. 4° La guerra como último recurso y 5° El principio de proporcionalidad: ¿compensan los resultados los males causados por la guerra? En Irak, la respuesta benigna es: No. Guerra injusta, guerra desproporcionada.

Termino este libro pensando en los electores de origen hispánico en los Estados Unidos y la responsabilidad que les incumbe de votar a favor de una renovación de poder en Washington. Se ha dicho que en las elecciones presidenciales norteamericanas todos los ciudadanos del mundo deberían tener derecho al voto. Los resultados nos afectan a todos, europeos, africanos, asiáticos. Y latinoamericanos. La población hispánica de los Estados Unidos, en este sentido, vota por todos nosotros, sus hermanos de México a Colombia a Chile y Argentina. Ojalá voten bien.

14 de junio del 2004.

Contra Bush se terminó de imprimir en agosto de 2004, en Litográfica Ingramex, S.A. de C.V. Centeno núm. 162, Col. Granjas Esmeralda, C.P. 09810, México, D.F. Composición tipográfica: Fernando Ruiz. Cuidado de la edición: Ramón Córdoba, Alberto Román y César Silva.

Certificado No. 02-2082